JJ Smith

Für immer schlank mit *grünen* Smoothies

JJ Smith

Für immer schlank mit *grünen* Smoothies

Mit über 60 Rezepten für Smoothies, Hauptmahlzeiten und Snacks

Bibliografische Information der Deutschen Nationalbibliothek:
Die Deutsche Nationalbibliothek verzeichnet diese Publikation in der Deutschen Nationalbibliografie. Detaillierte bibliografische Daten sind im Internet über http://d-nb.de abrufbar.

Für Fragen und Anregungen:
info@rivaverlag.de

Wichtiger Hinweis:
Sämtliche Inhalte dieses Buchs wurden – auf Basis von Quellen, die die Autorin und der Verlag für vertrauenswürdig erachten – nach bestem Wissen und Gewissen recherchiert und sorgfältig geprüft. Trotzdem stellt dieses Buch keinen Ersatz für eine individuelle Ernährungsberatung und medizinische Beratung dar. Wenn Sie medizinischen Rat einholen wollen, konsultieren Sie bitte einen qualifizierten Arzt. Der Verlag und die Autorin haften für keine nachteiligen Auswirkungen, die in einem direkten oder indirekten Zusammenhang mit den Informationen stehen, die in diesem Buch enthalten sind.

1. Auflage 2018
© 2018 by riva Verlag, ein Imprint der Münchner Verlagsgruppe GmbH
Nymphenburger Straße 86
D-80636 München
Tel.: 089 651285-0
Fax: 089 652096

Die englische Originalausgabe erschien 2016 bei Atria Books, einem Imprint von Simon & Schuster, Inc., unter dem Titel *Green Smoothies for Life*.

Übersetzung: Marion Zerbst
Redaktion: Matthias Michel
Umschlaggestaltung: Maria Wittek
Umschlagabbildungen und Abbildungen im Innenteil: JJ Smith
Satz: inpunkt(w)o, Haiger (www.inpunktwo.de)
Druck: Florjancic Tisk d.o.o., Slowenien
Printed in the EU

ISBN Print 978-3-7423-0330-1
ISBN E-Book (PDF) 978-3-95971-825-7
ISBN E-Book (EPUB, Mobi) 978-3-95971-824-0

Weitere Informationen zum Verlag finden Sie unter
www.rivaverlag.de
Beachten Sie auch unsere weiteren Verlage unter
www.m-vg.de

Inhalt

Einführung

Was für eine erstaunliche Entwicklung! Grüne Smoothies haben in den letzten Jahren die Welt im Sturm erobert, und es ist mir eine Ehre, dieser großartigen Bewegung anzugehören. Vor ein paar Jahren habe ich eine 10-tägige Grüne-Smoothies-Entschlackungskur entwickelt und *Grüne Smoothies: Die 10-Tage-Detox-Kur* veröffentlicht. Seitdem nutzen Millionen von Menschen grüne Smoothies nicht nur zur Entgiftung und Gewichtsabnahme, sondern auch, um etwas für ihre Gesundheit zu tun und wieder Spaß am Sex zu haben. (Bei manchen hatte sich in dieser Hinsicht ihren eigenen Angaben zufolge schon seit Jahren nichts mehr getan!) Die 10-tägige Entschlackungskur verändert Ihre Essgewohnheiten, befreit Sie von Ihrem Hunger auf Süßes und programmiert Ihren Organismus so um, dass Sie stattdessen Appetit auf gesündere Nahrungsmittel bekommen. Aber natürlich kann man diese Kur nicht ständig wiederholen. Darum ist es am besten, wenn Sie meine Grüne-Smoothies-Philosophie dauerhaft in Ihre Ernährung einbauen.

Genau dabei will dieses Buch Ihnen helfen. In *Für immer schlank mit grünen Smoothies* werde ich Ihnen zeigen, wie Sie Ihren Körper entgiften, dauerhaft abnehmen und gesünder als je zuvor werden. Während des 30-Tage-Programms werden Sie köstliche grüne Smoothies, warme Mahlzeiten, Snacks und Desserts genießen, die sämtliche Zellen Ihres Körpers ernähren, sodass Sie dadurch nicht nur schlank, sondern gleichzeitig auch gesund und fit wie ein Turnschuh werden. Mit diesem Programm bieten Sie Ihrem Körper genau die hochwertige Ernährung, die er braucht, während Sie Ihre Zellen und inneren Organe entschlacken. Ihre Haut wird klarer, das Weiße in Ihren Augen wird seinen Gelbstich verlieren, Ihre Haare werden glänzender, Sie werden jünger und strahlender aussehen als je zuvor!

Nach diesen 30 Tagen brauchen Sie nie wieder eine Diät zu machen. Denn eine Diät erstreckt sich normalerweise nur über einen bestimmten Zeitraum. Und was passiert, wenn man sich wieder »normal« ernährt? Dann nimmt man sofort wieder zu. Mit meinem 30-Tage-Programm dagegen programmieren Sie Ihre Geschmacksknospen um, sodass sie Lust auf gesündere Lebensmittel bekommen – womit sich jede Diät erübrigt. Das geht ganz ohne Kalorien- oder Punktezählen, und Sie brauchen dafür auch keine Portionsgrößen zu berechnen oder fade Diätprodukte zu essen. Ihr Körper entwickelt einfach ganz von selbst Appetit auf gesunde, natürliche Lebensmittel.

WAS BRINGT IHNEN DIESES BUCH?

- Sie können innerhalb von 30 Tagen bis zu 10 Kilo abnehmen.

- Sie entschlacken Ihren Körper und dürfen dabei trotzdem jeden Tag gesunde warme Mahlzeiten genießen.

- Sie werden mehr Energie haben und sich wie neugeboren fühlen.

- Ihr Heißhunger auf Zucker, Brot und Nudelgerichte wird nachlassen.

- Sie werden ruhiger und erholsamer schlafen.

- Ihre Verdauung wird besser funktionieren, und Sie werden seltener unter Blähungen leiden. Dadurch wird gleichzeitig Ihre Taille schlanker.

Dieses Programm kann Ihnen helfen, ein besseres, gesünderes Leben zu führen. Und wissen Sie, was das Beste daran ist? Sie haben damit eine dauerhafte Lösung für Ihr Gewichtsproblem gefunden! Vielleicht waren Sie mit Ihren Abnehmversuchen auch früher schon erfolgreich, haben jedoch niemals Ihr Wunschgewicht erreicht. Höchste Zeit, sich an dieses Programm zu halten, mit dem andere Menschen genau die angestrebten Ergebnisse erzielt haben!

Wenn Sie zu diesem Buch gegriffen haben, möchten Sie vermutlich etwas für Ihre Gesundheit tun und Ihre Lebensqualität verbessern. Vielleicht haben Sie sich bisher immer in Ausreden für Ihr Übergewicht und andere gesundheitliche Probleme geflüchtet, doch nun flüstert – oder schreit – eine Stimme tief in Ihrem Inneren Ihnen zu, dass Sie etwas an Ihrem Leben ändern müssen, und zwar JETZT. Denken Sie daran: Sie können alles (er)schaffen, was Sie sich wünschen – auch den traumhaften Körper, nach dem Sie sich schon immer gesehnt haben. Sie müssen es sich nur fest vornehmen und beschließen, sich JETZT GLEICH darum zu kümmern. Denn im Grunde Ihres Herzens wissen Sie, dass es höchste Zeit ist, noch mehr aus Ihrem Leben zu machen.

Sie haben beschlossen, dieses 30-Tage-Programm durchzuführen, weil Sie mehr von Ihrem Leben erwarten – und Sie haben auch tatsächlich mehr verdient. Keine Sorge: Ich werde Sie mithilfe unserer Green-Smoothie-Facebook-Gruppe dabei anspornen und unterstützen!

Millionen von Menschen haben sich der Grüne-Smoothies-Bewegung angeschlossen

Vor ein paar Jahren – nachdem ich mich jahrelang gesund ernährt und regelmäßig Entschlackungskuren gemacht hatte – erkrankte ich an einer Quecksilbervergiftung, ausgelöst durch Amalgamplomben in meinen Zähnen. Ich hatte hohe Quecksilberspiegel in Gehirn, Darm, Leber und Nieren und war zwei Monate lang bettlägerig. Und als ich dann schließlich doch aufstehen konnte, war ich schon nach dem Bettenmachen so erschöpft, dass ich mich gleich wieder hinlegen musste! Meine Gesundheit, Energie und Motivation befanden sich auf einem absoluten Tiefpunkt.

Nach meinem langwierigen Genesungsprozess wurde mir klar, dass ich etwas tun musste, um meine Gesundheit und Energie zurückzugewinnen. Außerdem musste ich dringend die 10 Kilo loswerden, die ich während der zwei Monate im Bett zugenommen hatte. Nachdem ich von der heilsamen Wirkung von grüner Rohkost erfahren hatte, entwickelte ich die 10-tägige Grüne-Smoothies-Entschlackungskur. Da ich bereits eine überzeugte Anhängerin von Entschlackungsprogrammen war, wusste ich, dass ich meinen Körper von den Gift- und Abfallstoffen befreien musste, die sich durch meine Quecksilbervergiftung dort angesammelt hatten.

Nachdem ich die 10-tägige Grüne-Smoothies-Entschlackungskur entwickelt hatte, bat ich meine Freunde und Angehörigen um Unterstützung. Ursprünglich bestand mein Ziel darin, 10 Menschen für eine Teilnahme an diesem Programm zu gewinnen. Da war ich natürlich sehr angenehm überrascht, als sich herausstellte, dass rund 100 Leute mitmachen wollten! Wir gründeten eine Facebook-Gruppe, um uns gegenseitig zu motivieren. Aufgrund der phänomenalen Erfolge, die wir einander in Form von Fotos und Testimonials mitteilten, waren innerhalb von knapp zwei Monaten rund 10.000 Menschen unserer Facebook-Gruppe beigetreten mit dem festen Vorsatz, diese Entschlackungskur ebenfalls durchzuführen. Innerhalb von nur 10 Tagen nahmen diese Leute 4,5 bis 7 Kilogramm ab, hatten plötzlich viel mehr Energie und fühlten sich so wohl wie schon seit Jahren nicht mehr. Gesundheitsprobleme, unter denen sie jahrelang gelitten hatten, verschwanden.

Nach meiner ersten Entschlackungskur hatte ich 5 Kilo abgenommen. Und nicht nur das: Ich hatte auch wieder jede Menge Energie, meine Haut strahlte von innen heraus, meine Verdauung funktionierte besser und meine Blähungen waren verschwunden. Ich fühlte mich wie neugeboren und war so motiviert wie schon lange nicht mehr. Vor dieser Entschlackungskur hatte ich jeden Tag 24 verschiedene Nahrungsergänzungsmittel schlucken müssen, damit mein Körper sich von seiner Quecksilbervergiftung erholte. Seitdem nehme ich nur noch vier Nahrungsergänzungsmittel pro Tag ein, und mein Gesundheitszustand hat sich so sehr verbessert, dass ich jetzt wieder genügend Energie habe, um mich auf meine Lebensträume und -ziele zu konzentrieren. Ich habe die Erfahrung gemacht, dass man seinem Körper mit grünen Smoothies genau die Nahrung zuführt, die er braucht – nicht nur, um gesund und vital zu bleiben, sondern auch, um seine Lebenskraft und -freude nicht zu verlieren.

Inzwischen haben Menschen mit der Grüne-Smoothies-Entschlackungskur insgesamt 900.000 Kilogramm abgenommen, und mein Buch (*Grüne Smoothies: Die 10-Tage-Detox-Kur*) erreichte den ersten Platz auf der Bestsellerliste der *New York Times*. Die Strategien, die ich in diesem Buch beschreibe, sind so wirksam und die Abnehmerfolge dieser Diät haben sich so weit herumgesprochen, dass das Buch über 52 Wochen lang ununterbrochen auf der Bestsellerliste blieb. Inzwischen haben wir über eine Million Follower bzw. Fans. Natürlich fragen die Anhänger unseres Programms uns immer wieder: *Und was soll ich nach diesen 10 Tagen machen?* Die Antwort darauf ist das 30-Tage-Programm, das ich Ihnen in diesem Buch vorstellen möchte.

Die 10-tägige Grüne-Smoothies-Entschlackungskur ist eine wunderbare Methode, um seinen Körper zu entgiften, und eine sehr gute Starthilfe zum Abnehmen. Mit meinem 30-Tage-Programm können Sie noch schlanker werden und das erreichte Wunschgewicht dann auch halten. Das heißt: Nach Ihrer 10-tägigen Entschlackungskur können Sie den erreichten Abnehmerfolg mithilfe dieses Buches weiter vertiefen und festigen. Das Buch enthält einen Essensplan für 30 Tage und neue Rezepte. Dabei handelt es sich um ein langfristiges Ernährungsprogramm, das Sie Ihr Leben lang beibehalten können. Mithilfe meines 30-Tage-Programms können Sie neue Essgewohnheiten entwickeln und Ihr Wunschgewicht auf diese Weise auch langfristig halten.

In diesem Programm erfahren Sie, wie man mithilfe von grünen Smoothies und gesunder Ernährung dauerhaft abnimmt. Sie lernen also nicht einfach nur neue Grüne-Smoothies-Rezepte kennen, sondern erfahren auch, wie man aus gesunden, naturbelassenen Lebensmitteln köstliche Hauptmahlzeiten zubereitet und was man gegen den kleinen Hunger zwischendurch tut. Ja sogar Desserts sind erlaubt – es müssen nur die richtigen sein. An diesen Ernährungsplan können Sie sich problemlos ein Leben lang halten.

Wie ist dieses Buch aufgebaut?

TEIL 1 enthält einen einfachen Essensplan mit Rezepten für 30 Tage (grüne Smoothies, Hauptmahlzeiten, Snacks und Desserts). Sie erfahren Schritt für Schritt, wie Sie sich ernähren müssen – mit Einkaufslisten, Rezepten, allgemeinen Ernährungsempfehlungen und einem Frage-Antwort-Teil. Zu Ihrem großen Erstaunen werden Sie beobachten, wie Ihr Körper sich ganz von selbst auf gesunde Lebensmittel umstellt und irgendwann gar nichts anderes mehr zu sich nehmen will, sodass es Ihnen überhaupt nicht schwerfallen wird, sich an dieses Programm zu halten. Sie müssen einfach nur jeden Tag meine Empfehlungen befolgen und auf die Bedürfnisse Ihres Körpers hören – er wird Sie garantiert für Ihre Bemühungen belohnen!

TEIL 2 liefert Ihnen Informationen über 21 verschiedene Entschlackungsmethoden (die ich in meinen bisherigen Büchern teilweise noch nicht behandelt habe). Sie erfahren, welche Vorteile diese Entschlackungsprogramme bieten, was sie kosten, was man davon erwarten kann und wie lange sie dauern. Die Kosten dafür sind sehr unterschiedlich: von ein paar Euro (und Zutaten, die man in jedem Lebensmittelgeschäft bekommt) bis hin zu Hunderten von Euro für Geräte und Behandlungsverfahren, die den Körper bei seinem Entgiftungsprozess unterstützen. Diese 21 bewährten Methoden werden von meinen VIP-Mitgliedern (siehe Anhang) genutzt.

TEIL 3 führt Sie in das EHGDB-System (Entschlackung – Hormonelles Gleichgewicht – Gesunde Ernährung – Disziplin – Bewegung) ein und erklärt, wo Sie mehr Informationen darüber finden. Ich habe die Gewichtsreduktionsbranche schon vor Jahren mit diesem System revolutioniert, das sich sehr gut für eine langfristige Gewichtsreduzierung eignet und auch Informationen für Fortgeschrittene beinhaltet – zum Beispiel, was man für einen ausgewogenen Hormonhaushalt tun kann, denn der hilft Ihnen ebenfalls beim Abnehmen.

Mein 30-Tage-Programm gibt Ihnen einen Wegweiser an die Hand, mit dessen Hilfe Sie dauerhaft abnehmen können. Es ist eine ganz neue Lebensweise, bei der man das Essen tatsächlich genießen kann und trotzdem schlank bleibt. Denn ich habe in den letzten Jahren die Erfahrung gemacht, dass das Geheimnis einer erfolgreichen Gewichtsreduzierung nicht darin besteht, bestimmte Lebensmittel zu meiden, sondern Freude am Essen zu haben. Die nächsten 30 Tage werden sicherlich eine Herausforderung, aber auch eine sehr lohnende Erfahrung für Sie sein. Sie werden endlich anfangen, sich in Ihrer Haut wohlzufühlen, und zufriedener mit sich und Ihrem Körper sein als je zuvor.

In diesem Buch lernen Sie folgende Entschlackungsprogramme von mir kennen:

- *10-tägige Grüne-Smoothies-Entschlackungskur:* Die meisten Menschen starten mit dieser Kur in ihr Gewichtsreduktionsprogramm. Von dieser Detox-Kur gibt es eine strengere und eine großzügigere Variante. Damit stehen Ihnen zwei verschiedene Alternativen zur Auswahl, und Sie können selbst entscheiden, welche am besten zu Ihren Zielen und Ihrer Lebensweise passt. Die strengere Variante besteht aus drei grünen Smoothies und Snacks, die man 10 Tage lang zu sich nimmt, während die großzügigere Variante zwei grüne Smoothies, ein gesundes Abendessen und Snacks für 10 Tage umfasst.

- *Für immer schlank mit grünen Smoothies (30-Tage-Programm):* Im Anschluss an diese 10-tägige Entschlackungskur beginnen Sie mit dem 30-Tage-Programm und lernen, wie Sie die grünen Smoothies in Ihre tägliche Ernährung einbauen können, um das erreichte Gewicht zu halten, weiter abzunehmen und nebenbei auch noch etwas für Ihre Gesundheit zu tun. Aber die Smoothies sind nur ein Teil dieses Programms, zu dem auch warme Fleischgerichte, Snacks, ja sogar Desserts gehören. In diesem Buch wird genau erklärt, wie Sie mithilfe des 30-Tage-Programms Ihre langfristigen Gewichtsabnahmeziele erreichen können.

- *EHGDB-System:* Das EHGDB-System ist das umfassendste Gewichtsreduktionsprogramm. Mit diesem System nehmen Sie nicht nur garantiert ab, sondern bleiben auch langfristig schlank, denn es liefert alle neuen Erkenntnisse zum Thema Abnehmen, die bei den herkömmlichen Diäten leider so häufig übersehen werden – zum Beispiel Empfehlungen zur Entschlackung und Informationen darüber, wie ein ausgewogener Hormonhaushalt Ihnen beim Abnehmen helfen kann. In Teil 3 dieses Buches finden Sie einen Überblick über die wichtigsten EHGDB-Strategien.

● ● ●

Sie haben sich also entschlossen, etwas für Ihren Körper und Ihre Gesundheit zu tun und sich in Zukunft so zu ernähren, dass Sie schlank, gesund und vital bleiben. Herzlichen Glückwunsch dazu!

Jeder Mensch kann etwas an seinem Leben ändern. Auch Sie können ein sehr viel besseres Leben führen als jetzt in diesem Augenblick. Stellen Sie sich vor, Sie gehen einkaufen und sehen mit den neuen Kleidungsstücken, die Sie anprobieren, plötzlich viel besser aus! Stellen Sie sich vor, so vor Energie zu strotzen, dass Sie sich aufs Training freuen. Stellen Sie sich vor, Ihr Leben und Ihre Ernährungsentscheidungen hundertprozentig unter Kontrolle zu haben. Stellen Sie sich vor, mit Ihrer neu gewonnenen Power Ihr Liebesleben mit neuem Leben zu erfüllen. Und vor allem: Stellen Sie sich vor, Sie verfügen endlich über das Selbstvertrauen, Träume zu verwirklichen, die Sie früher für unerreichbar gehalten hätten: zum Beispiel, befördert zu werden oder ein eigenes Unternehmen zu gründen. All diese wunderbaren Dinge warten auf Sie – und noch viel mehr. Wir sind tagtäglich von so vielen ungesunden Lebensmitteln umgeben, die süchtig machen und denen wir nicht widerstehen können. Doch mit diesem 30-Tage-Programm können Sie sich von ungeliebten alten Ernährungsgewohnheiten trennen und sich ein neues, gesünderes Essverhalten angewöhnen. Ich weiß, wie viel Mut es erfordert, ein neues Leben anzufangen und eine neue Beziehung zum Essen zu entwickeln. Aber keine Sorge: Ich werde Sie bei Ihren Bemühungen unterstützen und ermutigen; und falls Sie noch mehr Beistand brauchen, treten Sie einfach unserer Facebook-Gruppe unter https://www.facebook.com/groups/Green.Smoothie.Cleanse bei.

Erfolgstipps für das Abnehmen mit grünen Smoothies

Grüne Smoothies liefern Ihnen eine geballte Ladung gesunder Vitamine, Mineralstoffe, Antioxidanzien und entzündungshemmender Substanzen. Außerdem enthalten sie sekundäre Pflanzenstoffe, Ballaststoffe, Wasser und noch vieles andere mehr! Ein weiterer wichtiger Inhaltsstoff ist Chlorophyll, das eine ähnliche chemische Zusammensetzung aufweist wie unser roter Blutfarbstoff Hämoglobin. Grüne Smoothies haben also eine ähnliche Wirkung wie eine reinigende Bluttransfusion. Trotz ihrer Einfachheit liefern diese Smoothies so viele wertvolle Inhaltsstoffe, dass es Ihnen damit problemlos gelingen wird, ein gesünderes Leben zu führen: Sie werden dadurch abnehmen, mehr Schwung und Energie haben, eine klarere Haut bekommen, Ihre Heißhungerattacken werden nachlassen.

DIESE DREI VORTEILE VON GRÜNEN SMOOTHIES WERDEN SIE ZU EINEM GESÜNDEREN MENSCHEN MACHEN

1. *Sie werden Ihren Heißhunger auf ungesunde Lebensmittel los.* Grüne Smoothies tragen dazu bei, Ihren Appetit auf ungesunde Lebensmittel einzudämmen und mit der Zeit völlig zu überwinden. Denn sie enthalten Ballaststoffe, gesunde Fette und Eiweiß – lauter Substanzen, die den Verdauungsprozess und die Aufnahme von Zucker aus der Nahrung verlangsamen. So bleibt Ihr Blutzuckerspiegel auf einem gleichbleibenden Niveau: Es kommt nicht mehr

zu den ständigen Blutzuckerspitzen und -tiefen, die zu Heißhunger auf süße Nahrungsmittel mit hohem Zuckergehalt führen. Grüne Smoothies bringen Ihren Körper wieder in einen ausgewogeneren Gesundheitszustand, in dem Sie mehr Energie haben, nach dem Essen länger satt bleiben und Heißhungerattacken der Vergangenheit angehören.

2. *Sie schenken Ihnen Gesundheit, Vitalität und Schönheit.* Für mich ist eine natürliche, gesunde Ernährung der Schlüssel zu innerer und äußerer Schönheit. Wenn man sich von natürlichen, vollwertigen Lebensmitteln ernährt, sieht man einfach besser und jünger aus und fühlt sich auch so. Sobald Sie anfangen, sich so zu ernähren, dass Ihre Zellen gesund bleiben und sich nicht mehr so viele Giftstoffe darin ansammeln können, werden Sie – unabhängig von Ihrem Alter – strahlend schön sein. Zuallererst werden Sie die positive Wirkung der grünen Smoothies an Ihrer Haut erkennen: Sie wird gewissermaßen von innen heraus strahlen. Falten verschwinden, Altersflecken verblassen, Sie erleben eine »zweite Jugend«. Ihre Haut wird wieder elastisch, Hautunreinheiten verschwinden, Ihre Augen werden klarer und beginnen zu leuchten, die dunklen Ringe und Tränensäcke unter den Augen verschwinden ebenso wie der gelbliche Schimmer im Weißen Ihrer Augen. Und auch im Inneren Ihres Körpers spielt sich bei dieser Entschlackungskur eine ganze Menge ab: Ihre Zellen verjüngen sich, sodass Ihre Organe ihre Aufgaben wieder besser erfüllen können.

3. *Ihre Verdauung funktioniert besser.* Grüne Smoothies lassen sich viel leichter verdauen und verstoffwechseln als feste Nahrung. Denn nur weil Sie sich »gesund ernähren«, bekommt Ihr Körper nicht unbedingt alle Nährstoffe, die für Ihre Gesundheit und Ihr Wohlbefinden wichtig sind. Viele Menschen können feste Nahrung nicht so gut verdauen, sodass ihr Körper die darin enthaltenen Nährstoffe nicht vollständig aufnimmt. Mit grünen Smoothies führen Sie Ihrem Organismus gesunde Nahrung in flüssiger Form (als dünnflüssiges Püree) zu, in der er sie viel leichter verstoffwechseln kann. Die Bioverfügbarkeit dieser köstlichen Smoothies ist so hervorragend, dass Ihr Körper bereits im Mund anfängt, die darin enthaltenen Nähstoffe zu absorbieren! Die Verdauungsprobleme, unter denen heutzutage so viele Menschen leiden, sind hauptsächlich auf den Verzehr von industriell verarbeiteten Lebensmitteln, zu viel Gluten und Eiweiß, gebratenen Speisen und anderen ungesunden Fetten zurückzuführen. Die pürierten Lebensmittel in grünen Smoothies nehmen Ihrem Verdauungssystem eine Menge Arbeit ab. Auf diese Weise kann Ihr Körper die aufgenommene Nahrung leichter aufnehmen und den Lebensmitteln die Nährstoffe entziehen, die er für einen optimalen Gesundheitszustand braucht.

Sie werden in diesem Buch aber auch noch viele andere gesundheitliche Vorteile grüner Smoothies kennenlernen.

SIEBEN ERFOLGSREZEPTE FÜR DIE ZUBEREITUNG UND DEN VERZEHR GRÜNER SMOOTHIES

1. *Kauen Sie Ihre Smoothies.* Ja, auch Flüssigkeiten kann man kauen! Versuchen Sie die Smoothies so gründlich wie möglich zu kauen, denn der Verdauungsprozess wird bereits durch den Speichel in Ihrem Mund eingeleitet. Außerdem beugt das Kauen Blähungen vor.

2. *Reichern Sie Ihre Smoothies mit Eiweiß an.* Als Ernährungsberaterin empfehle ich Ihnen, jedem Smoothie 1 bis 2 Löffel Eiweiß zuzufügen, dann sättigt er länger und hält außerdem Ihren Stoffwechsel in Gang. Das Eiweiß kann dem Smoothie einen etwas mehligen Geschmack verleihen; also probieren Sie ihn lieber zunächst einmal ohne Eiweiß, geben Sie es dann erst dazu und probieren Sie, ob er Ihnen mit diesem Zusatz schmeckt. Ich verwende am liebsten milchfreies, pflanzliches Eiweißpulver wie Reis-, Soja- oder Hanfprotein.

3. *Halten Sie Ihre Smoothies frisch.* Am besten ist es, Smoothies gleich am Tag der Zubereitung zu trinken, denn in frischem Zustand enthalten sie die meisten Nährstoffe. Doch wenn Sie sehr beschäftigt sind oder Ihre Smoothies aus anderen Gründen nicht jeden Tag frisch zubereiten können – kein Problem: Im Kühlschrank halten sie sich bis zu zwei Tage lang. Bewahren Sie sie am besten in einem verschließbaren Glas auf, denn in einem Gefäß mit dicht schließendem Deckel oxidieren die Smoothies nicht so leicht und nehmen auch keine unerwünschten Gerüche aus dem Kühlschrank auf. Wir alle sind von morgens bis abends mit tausenderlei verschiedenen Dingen beschäftigt, und wenn es für Sie einfacher ist, Ihre Smoothies auf Vorrat zuzubereiten, ist dagegen überhaupt nichts einzuwenden.

4. *Verwenden Sie jeden Monat andere grüne Salate und Gemüse.* Jede grüne Nahrungspflanze enthält Alkaloide, wenn auch nur in sehr geringen, harmlosen Mengen – doch wenn Sie sich wochenlang immer nur von einem bestimmten grünen Salat oder Gemüse ernähren, kann das darin enthaltene Alkaloid sich in Ihrem Körper anreichern und mit der Zeit ernsthaften gesundheitlichen Schaden anrichten. Dieses Problem vermeidet man am besten dadurch, dass man für Abwechslung auf seinem Speisezettel sorgt: Kaufen Sie in einer Woche Spinat, in der nächsten Woche Grünkohl und dann Römersalat. Oder Sie kaufen für jede Woche zwei verschiedene grüne Salat- oder Gemüsearten und in der darauffolgenden Woche wieder andere. Das Ziel besteht darin, jede Woche andere grüne Nahrungspflanzen für Ihre Smoothies zu verwenden. Es gibt eine große Auswahl an grünen Blattgemüsen und Salaten: Spinat, Grünkohl, Rucola, Pak Choi, Rote-Bete-Grün, Mangold, Römersalat, Blattkohl, Löwenzahnsalat … Da ist garantiert für jeden Geschmack etwas dabei!

5. *Die Smoothies sollten Ihnen schmecken.* Sie können die Rezepte nach Belieben abändern, also zum Beispiel mehr Eis oder Wasser hineingeben, wenn Sie Ihre Smoothies lieber ein bisschen dünnflüssiger mögen. Gerne können Sie sie auch mit mehr Stevia süßen oder das Stevia weglassen, falls der Smoothie Ihnen bereits süß genug ist. Stevia ist ein natürliches, pflanzliches Süßungsmittel, das den Blutzuckerspiegel nicht erhöht. Es ist wichtig, dass Ihre Smoothies Ihnen schmecken, damit Sie sie auch wirklich jeden Tag trinken!

6. *Betrachten Sie das Ganze nicht als Diät, sondern als Entschlackungskur.* Obwohl man mit grünen Smoothies wunderbar abnehmen kann, sollten Sie sie nicht als eine Art Modediät betrachten. Die Grüne-Smoothies-Entschlackungskur soll Ihren Körper entgiften und Ihnen eine Starthilfe zum Abnehmen geben, aber es handelt sich dabei nicht um ein Gewichtsreduktionsprogramm. Schon allein wegen ihres Nährwerts lohnt es sich, grüne Smoothies jeden Tag zu genießen. Doch wenn man von morgens bis abends *nur* solche Smoothies trinkt, ist das ungesund und kann den Stoffwechsel sogar verlangsamen. Konzentrieren Sie sich lieber darauf, Ihre Essgewohnheiten dauerhaft zu verändern und Ihre Geschmacksknospen so umzuprogrammieren, dass Sie automatisch Appetit auf gesündere Lebensmittel bekommen!

7. *Treten Sie unserer Grüne-Smoothies-Facebookgruppe bei.* Unter https://www.facebook.com/groups/Green.Smoothie.Cleanse/ bekommen Sie Unterstützung, Ermutigung und Tipps von mir und Tausenden anderer Menschen.

SIEBEN TIPPS, WIE SIE SICH INNERLICH AUF IHREN WEG ZU EINEM GESÜNDEREN LEBEN VORBEREITEN KÖNNEN

1. *Erheben Sie Gesundheit zu Ihrer obersten Priorität.* Das erfordert schon ein gewisses Umdenken. Machen Sie sich zunächst einmal klar, dass Gesundheit eines der wichtigsten Dinge im Leben ist. Ihr Körper ist von Natur aus schlank. Wenn Sie die Informationen in diesem Buch aufnehmen und sich innerlich auf diese Entschlackungskur vorbereiten, verfügen Sie über genau das Rüstzeug, das Sie brauchen, um Ihr Leben in jeder Hinsicht zu verändern und zu verbessern. Selbst als viel beschäftigte junge Mutter oder als Powerfrau, die im Berufsleben ihren Mann steht, können Sie sich problemlos auf diesen inneren Wandlungsprozess einlassen, aus dem Sie als jüngerer, gesünderer, attraktiverer Mensch hervorgehen werden. Es ist höchste Zeit, Ihren Körper als das zu behandeln, was er ist – Ihr größtes Geschenk! Denn wenn Sie eine gesunde, positive Energie ausstrahlen, ziehen Sie Liebe, Freude, Erfolg, Wohlstand und andere wunderbare Dinge fast mühelos an. Bei jedem Kontakt mit anderen Menschen – bei der Arbeit, in der Kirche, zu Hause oder auf der Straße – können Sie eine magische Wirkung auf Ihr Gegenüber ausüben. Also werden Sie

gesund, nehmen Sie ab – und Sie werden staunen, wie Ihr ganzes Leben sich dadurch positiv verändert.

2. *Konzentrieren Sie sich darauf, ein gesünderes Leben zu führen – denn dadurch nimmt man automatisch ab!* Wenn Sie grüne Smoothies einfach nur trinken, um möglichst schnell abzunehmen, haben Sie den wahren Sinn des Programms nicht verstanden. Sich jeden Tag auf die Waage zu stellen, ist Zeitverschwendung. Denn Sie werden nicht jeden Tag abnehmen; an manchen Tagen wird Ihre Waage vielleicht sogar ein paar Pfund mehr anzeigen. Das sind ganz normale Anpassungsreaktionen Ihres Körpers während der Gewichtsabnahme. Wenn es Ihnen nur darauf ankommt, schnell abzunehmen, werden Sie sich Ihr Leben lang mit Diäten herumquälen! 95 Prozent aller Menschen, die mithilfe einer Modediät abgenommen haben, nehmen die verlorenen Pfunde im Lauf der nächsten drei bis fünf Jahre wieder zu. Ich habe endgültig genug von solchen Diäten! Man muss einfach nur seine Ernährungsgewohnheiten ändern – und zwar für immer. Also bereiten Sie sich innerlich auf diesen Weg vor. Stimmen Sie sich auf eine Änderung Ihrer Lebensweise ein – auf ein Leben, in dem Sie nur noch Appetit auf gesunde Lebensmittel haben, nie wieder Kalorien oder Portionsgrößen berechnen und garantiert auch keine Diät mehr machen müssen. Konzentrieren Sie sich darauf, ein gesünderes Leben zu führen – dann werden Sie ganz von selbst abnehmen!

3. *Gönnen Sie sich eine Auszeit von Familie und Freunden.* Manchmal muss man nicht nur seinen Körper, sondern auch sein Gefühlsleben »entschlacken«, indem man zu Familienangehörigen und Freunden auf Distanz geht, die einen immer nur entmutigen und sagen: »Das schaffst du ja doch nicht«, oder: »Dazu bist du viel zu willensschwach«. Bla bla bla! Falls es solche negativen Einflüsse in Ihrem Leben geben sollte, empfehle ich Ihnen, möglichst wenig Zeit mit diesen Menschen zu verbringen. Schließlich müssen wir uns schon mit genügend eigenen negativen Gedanken herumschlagen; da brauchen wir uns nicht auch noch von unseren lieben Mitmenschen herunterziehen zu lassen! Halten Sie sich nach Möglichkeit von Menschen fern, die Ihnen prophezeien, dass Sie irgendetwas nicht schaffen werden. Denn wenn Sie sich auf dieses Gewichtsreduktionsprogramm einlassen, wird es sicherlich Augenblicke geben, in denen Sie am liebsten das Handtuch werfen möchten. Das ist völlig normal. Aber manchmal kann man nur innerlich wachsen, indem man sich unangenehmen Dingen stellt. Wie soll man sich sonst geistig, seelisch und körperlich weiterentwickeln? Und wenn Sie bei diesem Programm ab und zu mal ein bisschen schummeln oder etwas falsch machen, ist das auch nicht weiter schlimm. Es wird Tage geben, an denen Sie reizbar, vielleicht sogar unausstehlich sind und am Sinn oder Erfolg dieses Programms zweifeln. Doch dann werden Sie eines Tages eine ungeahnte Freude und Energie spüren – dieses wunderbare Gefühl, das einen überkommt, wenn man etwas

geschafft hat. Wenn Sie dieses Gefühl erleben möchten, dann lassen Sie sich von solchen Tiefpunkten nicht beirren, sondern machen Sie einfach weiter!

4. **Machen Sie sich den Unterschied zwischen emotionalem und physischem Hunger klar.** Manchmal ist unsere Beziehung zum Essen eher von Emotionen als von »echtem« Hunger geprägt. Dann essen wir einfach nur, um ein Gefühl der inneren Leere oder irgendeine andere negative Emotion zu kompensieren. Aber kein Keks oder Cracker, kein Kuchen oder Eisbecher kann unseren emotionalen Hunger stillen. Dieser Hunger meldet sich ganz plötzlich: Ich *muss* jetzt unbedingt etwas essen. Doch danach fühlt man sich weder gesättigt noch befriedigt; also isst man immer weiter, bis die ganze Chipstüte leer oder von dem riesigen Eisbecher nichts mehr übrig ist. Wenn Sie nach einem Streit oder infolge einer negativen Gemütsverfassung Hunger bekommen, handelt es sich um emotionalen Hunger. Sie müssen lernen, sich mit diesen Emotionen auseinanderzusetzen, statt sie durch Essen verdrängen zu wollen. Physischer Hunger meldet sich alle drei bis vier Stunden und entsteht ganz allmählich. Schauen Sie auf die Uhr: Wenn Sie vor einer Stunde etwas gegessen haben und danach gesättigt waren, dann aber trotzdem ganz plötzlich wieder das Bedürfnis verspüren, etwas zu essen, handelt es sich dabei wahrscheinlich um emotionalen Hunger. Wenn Sie sich mit Ihren emotionalen Problemen auseinandersetzen, wird es Ihnen leichter fallen, eine gesunde Beziehung zum Essen zu entwickeln. Genau wie wir giftige Schlackenstoffe aus unserem Körper ausscheiden können, sind wir auch in der Lage, toxische Emotionen zu überwinden. Statt zu essen, um uns von negativen Gefühlen abzulenken, müssen wir diese Gefühle innerlich verarbeiten und sie dann loslassen – genau wie unser Körper es mit dem Essen tut: Er entzieht ihm die Nährstoffe, die er braucht, und scheidet den Rest wieder aus.

5. **Seien Sie auf Gewichtsschwankungen gefasst.** An manchen Tagen Ihres Gewichtsreduktionsprozesses werden Sie vielleicht zu-, an anderen Tagen abnehmen. Das ist völlig normal. Gewichtsschwankungen sind auf drei verschiedene Faktoren in Ihrem Körper zurückzuführen: Muskelmasse, Fettmasse und Wasseranteil. Die Muskelmasse wiegt am meisten – deshalb kann es Ihnen tatsächlich passieren, dass Sie beim Trainieren Muskeln aufbauen und daher zunehmen. Dennoch ist dieser Muskelaufbau ein Fortschritt, denn die Muskelmasse unterstützt Ihren Körper langfristig bei der Fettverbrennung. Bei Frauen sind Wasseransammlungen aufgrund von Hormonen die Hauptursache für Gewichtsschwankungen. Viele Frauen nehmen während eines Menstruationszyklus 2 bis 5 Kilo zu. Bei manchen Menschen führt überschüssiges Salz bzw. Natrium zu Wasseransammlungen im Gewebe, wodurch das Gewicht steigt und man aufgedunsen aussieht. Also geraten Sie nicht in Panik, wenn es mit Ihrem Gewichtsverlust ein bisschen auf und ab geht! Nur wenn Sie Woche für Woche *immer nur* zunehmen, *dann* haben Sie ein Problem. Außerdem

sollten Sie sich eine Körperanalysewaage anschaffen: Die verrät Ihnen nicht nur Ihr Gewicht, sondern auch den Anteil an Muskelmasse, Fett und Wasser in Ihrem Körper. Für Menschen, die regelmäßig trainieren, ist das ganz besonders wichtig!

6. *Führen Sie positive innere Dialoge.* Unsere Gedanken und Gefühle prägen unser Verhalten, und unser Verhalten wird zur Realität. Denken Sie daran: Jetzt beginnt ein neues Kapitel in Ihrem Leben! Viele Menschen fragen sich: »Wie soll ich mit dem Abnehmen anfangen?« oder: »Wie erreiche ich meine Ziele?«. Ganz einfach: Der beste Start in dieses Programm sind positive innere Dialoge. Hören Sie auf, schlecht über sich zu denken und zu reden! Sie sind nicht dick, faul, hässlich oder krank. Ihr wahres Ich ist von Natur aus schlank, schön und gesund. Mit negativen Urteilen über sich selbst ziehen Sie nur negative Menschen und Ereignisse an. Wenn Sie sich sagen, dass Sie es niemals schaffen werden, abzunehmen, haben Sie völlig recht: Mit dieser Einstellung wird Ihnen das tatsächlich nicht gelingen. Wenn Sie sich dagegen sagen: »Kein Problem, das kriege ich schon hin!«, glaubt Ihr Unterbewusstsein daran und inspiriert Sie zu Handlungen und Verhaltensweisen, die zu einer Gewichtsabnahme führen.

7. *Machen Sie sich nicht verrückt, indem Sie jeden Tag auf die Waage steigen!* Lassen Sie sich von der Waage in Ihrem Badezimmer nicht die Motivation rauben. Die Ergebnisse häufiger Gewichtskontrollen werden Sie höchstens verwirren. Richten Sie Ihr Augenmerk lieber darauf, wie Ihre Kleider an Ihnen aussehen und sich anfühlen! Langfristig zeigt Ihre Waage durchaus das richtige Ergebnis an, doch wenn Sie sich jeden Tag wiegen, sind die Resultate sehr ungenau. Denn durch Veränderungen im Hormon- und Wasserhaushalt kann es immer wieder zu Gewichtsschwankungen kommen, die Sie nur unnötig enttäuschen werden. Dann zeigt Ihre Waage Ihnen eine Gewichtszu- oder -abnahme an, die in Wirklichkeit gar nichts zu bedeuten hat; denn die meisten Waagen können nicht zwischen Fett-, Muskel- und Wasseranteil unterscheiden. Außerdem schwankt Ihr Gewicht auch während des Tages um mehrere Pfund. Deshalb wird es Sie höchstens verwirren und entmutigen, zu oft auf die Waage zu steigen. Also nehmen Sie sich vor, sich nur einmal pro Woche zu wiegen, und zwar immer am selben Wochentag. Außerdem sollten Sie dazu stets dieselbe Kleidung – oder am besten gar keine – tragen. Achten Sie nicht nur auf die Pfunde, sondern auch darauf, was Ihr Zentimetermaß anzeigt, und darauf, wie Sie sich fühlen! Mit diesem Programm tun Sie sehr viel für Ihren Körper und Ihre Gesundheit. Früher oder später wird Ihre Waage unweigerlich das Gewicht anzeigen, das Sie sich wünschen – also fixieren Sie sich nicht zu sehr darauf!

TEIL 1

DAS 30-TAGE-PROGRAMM

In diesem Teil erfahren Sie alles, was Sie über Ihr 30-Tage-Programm wissen müssen: Sie erhalten einen kompletten Essensplan für 30 Tage mit den dazugehörigen Rezepten für grüne Smoothies, warme Hauptmahlzeiten, Snacks und Desserts. Außerdem finden Sie in diesem Teil Einkaufslisten, allgemeine Tipps und Antworten auf häufig gestellte Fragen. Sie brauchen sich nur jeden Tag an diese Anleitungen zu halten und auf die Bedürfnisse Ihres Körpers zu hören! Er wird Sie für Ihre Bemühungen belohnen.

1

Das 30-Tage-
Programm:
So geht es

UM MIT IHREM 30-TAGE-PROGRAMM GARANTIERT ERFOLG ZU HABEN, SOLLTEN SIE SICH AN DIESE SECHS SPIELREGELN HALTEN:

1. *Gönnen Sie sich zwei grüne Smoothies und eine gesunde Mahlzeit pro Tag.* Trinken Sie jeden Tag einen grünen Smoothie zum Frühstück und einen zum Mittagessen und genießen Sie abends eine gesunde Hauptmahlzeit. (Natürlich können Sie diesen Plan auch ein bisschen abwandeln und zum Mittag- und Abendessen jeweils einen grünen Smoothie trinken, falls Ihnen das lieber ist; wichtig ist nur, dass es zwei Smoothies pro Tag sind.) In diesem Buch finden Sie Rezepte für grüne Smoothies und einen Essensplan mit gesunden Mahlzeiten für alle 30 Tage. Wenn Sie Ihren Smoothie morgens zubereiten, teilen Sie ihn in zwei Hälften auf und trinken Sie die erste Portion zum Frühstück und die zweite zum Mittagessen. Jede Portion sollte 300 bis 400 Milliliter groß sein. Falls Sie Ihren Smoothie mitnehmen und unterwegs trinken möchten, sollte er vor dem Verzehr so lange wie möglich im Kühlschrank gelagert werden.

2. *Snacken Sie zwischendurch, um stets satt zu sein.* Hier kommt eine gute Nachricht für alle, die bereits die 10-tägige Grüne-Smoothies-Entschlackungskur praktizieren: Ich habe die Liste der kleinen Snacks für zwischendurch erweitert! Äpfel, (leicht gesalzenes) Popcorn, Eiweißriegel, Hummus, Sellerie, Mohrrüben, Gurken, Brokkoli und anderes knuspriges Gemüse dürfen den ganzen Tag über gegessen werden. Zu den besonders eiweißreichen Snacks, die während Ihrer Entschlackungskur erlaubt sind, gehören ungesüßte Erdnussbutter, hart gekochte Eier und rohe oder ungesalzene Nüsse und Kerne (nur eine Handvoll). Bitte beachten: Ungesüßte Erdnussbutter sollte weniger als drei Gramm Zucker enthalten.

3. *Gönnen Sie sich Abwechslung bei Ihren Getränken!* Nehmen Sie mindestens zwei Liter Flüssigkeit pro Tag zu sich – wenn Sie möchten, gerne auch Kräuter- oder Entschlackungstees. Trinken Sie Ihren Entschlackungstee am besten gleich morgens auf nüchternen Magen, weil er die Entgiftungsorgane (Nieren, Leber und Haut) unterstützt. Außerdem dürfen Sie sich eine Tasse Kaffee oder Grüntee pro Tag gönnen. Viele Experten sind der Ansicht, dass Kaffee den Stoffwechsel anregt, gegen eine Tasse Kaffee am Tag ist also nichts einzuwenden. Wenn Sie jedoch den ganzen Tag über immer wieder Kaffee brauchen, um fit und leistungsfähig zu sein, ist Ihr Körper vom Koffein abhängig geworden. Diese Abhängigkeit müssen Sie überwinden.

4. *Meiden Sie ungesunde Lebensmittel.* Essen Sie keinen Weißzucker (Haushaltszucker) und kein rotes Fleisch; verzichten Sie auf Milch (Kuhmilch), Bier, hochprozentige Getränke, Limonaden, Diätlimonaden, verarbeitete Lebensmittel, gebratene Speisen und raffinierte Kohlenhydrate wie beispielsweise Weißbrot, Nudeln oder Krapfen.

5. *Bewegen Sie sich!* Sie sollten an mindestens drei bis fünf Tagen pro Woche körperlich aktiv sein. Wählen Sie eine Aktivität, die Ihrem Fitnessniveau entspricht – und wenn es nur ein 20- bis 30-minütiger Spaziergang ist.

6. *Gönnen Sie sich allwöchentlich eine kleine »Fressorgie«!* Sie dürfen sich während dieses Programms jede Woche ein ganz besonderes Schmankerl (zum Beispiel ein Dessert) erlauben. In Kapitel 5 (»Süße Belohnungen«) finden Sie Rezepte für gesunde Desserts aus naturbelassenen Zutaten. Um möglichst viel abzunehmen, ist es allerdings wichtig, nicht zu oft über die Stränge zu schlagen; daher sollte der Genuss von Desserts eine Ausnahme bleiben.

Ihr Essensplan

TAG	FRÜHSTÜCK	MITTAGESSEN	ABENDESSEN
1	Blaubeer-Apfel-Smoothie	Blaubeer-Apfel-Smoothie	Brathähnchen im Cajun-Stil mit Blumenkohl
2	Pfirsich-Ananas-Smoothie	Pfirsich-Ananas-Smoothie	Brathähnchen im Cajun-Stil mit Blumenkohl
3	Beeren-Ananas-Smoothie	Beeren-Ananas-Smoothie	Caesar Salad mit Lachs
4	Beeren-Weintrauben-Smoothie	Beeren-Weintrauben-Smoothie	Caesar Salad mit Lachs
5	Tropischer Ananas-Smoothie	Tropischer Ananas-Smoothie	Gebackenes Hähnchen mit Gemüse
6	Apfel-Bananen-Smoothie	Apfel-Bananen-Smoothie	Gebackenes Hähnchen mit Gemüse
7	Beerenüberraschungs-Smoothie	Beerenüberraschungs-Smoothie	Erdbeer-Spinat-Salat
8	Blaubeer-Grünkohl-Smoothie	Blaubeer-Grünkohl-Smoothie	Erdbeer-Spinat-Salat
9	Grünkohl-Bananen-Smoothie	Grünkohl-Bananen-Smoothie	Grünkohlsalat mit gegrillten Jakobsmuscheln
10	Erdbeer-Bananen-Smoothie	Erdbeer-Bananen-Smoothie	Grünkohlsalat mit gegrillten Jakobsmuscheln
11	Blaubeer-Bananen-Spinat-Smoothie	Blaubeer-Bananen-Spinat-Smoothie	Blattkohl mit Schwarzaugenbohnen
12	Erdbeer-Ananas-Smoothie	Erdbeer-Ananas-Smoothie	Blattkohl mit Schwarzaugenbohnen

TAG	FRÜHSTÜCK	MITTAGESSEN	ABENDESSEN
13	Gemischte Beeren-Bananen-Smoothie	Gemischte Beeren-Bananen-Smoothie	Spinatsalat mit Hähnchenwürfeln
14	Blaubeer-Pfirsich-Smoothie	Blaubeer-Pfirsich-Smoothie	Spinatsalat mit Hähnchenwürfeln
15	Orange-Spinat-Smoothie	Orange-Spinat-Smoothie	Scampi in Weißweinsauce mit Zucchininudeln
16	Blaubeer-Apfel-Bananen-Smoothie	Blaubeer-Apfel-Bananen-Smoothie	Scampi in Weißweinsauce mit Zucchininudeln
17	Mango-Weintrauben-Smoothie	Mango-Weintrauben-Smoothie	Im Ofen gebackene Putenschnitzel
18	Apfel-Frühlingssalat-Smoothie	Apfel-Frühlingssalat-Smoothie	Im Ofen gebackene Putenschnitzel
19	Mango-Bananen-Smoothie	Mango-Bananen-Smoothie	Italienische Shrimps
20	Pfirsich-Bananen-Smoothie	Pfirsich-Bananen-Smoothie	Italienische Shrimps
21	Blaubeer-Spinat-Smoothie	Blaubeer-Spinat-Smoothie	Gedünstete Tomaten mit Spinat
22	Banane-Grünkohl-Beeren-Smoothie	Banane-Grünkohl-Beeren-Smoothie	Gedünstete Tomaten mit Spinat
23	Mango-Spinat-Smoothie	Mango-Spinat-Smoothie	Knusprige Forellenfilets mit Zitronensaft und Kichererbsen
24	Ananas-Pfirsich-Smoothie	Ananas-Pfirsich-Smoothie	Knusprige Forellenfilets mit Zitronensaft und Kichererbsen
25	Beeren-Grünkohl-Smoothie	Beeren-Grünkohl-Smoothie	Grüne-Bohnen-Salat mit Shrimps
26	Erdbeer-Bananen-Smoothie	Erdbeer-Bananen-Smoothie	Grüne-Bohnen-Salat mit Shrimps
27	Blaubeer-Grünkohl-Smoothie	Blaubeer-Grünkohl-Smoothie	Pfeffrige Flunderfilets mit Ananascouscous
28	Beerenüberraschungs-Smoothie	Beerenüberraschungs-Smoothie	Pfeffrige Flunderfilets mit Ananascouscous
29	Tropischer Ananas-Smoothie	Tropischer Ananas-Smoothie	Spinatsalat mit Äpfeln und Walnüssen
30	Pfirsich-Ananas-Smoothie	Pfirsich-Ananas-Smoothie	Spinatsalat mit Äpfeln und Walnüssen

Checkliste: Dokumentieren Sie täglich Ihre Fortschritte

TAG	2 GRÜNE SMOOTHIES	1 GESUNDE HAUPTMAHLZEIT	SNACKS	GETRÄNKE/ WASSER	KÖRPERLICHE AKTIVITÄT
Beispiel	✓	✓	✓	✓	✓
1					
2					
3					
4					
5					
6					
7					
8					
9					
10					
11					
12					
13					
14					
15					
16					
17					
18					
19					
20					
21					
22					
23					
24					
25					
26					
27					
28					
29					
30					

So halten Sie Ihr Gewicht

HIER EIN PAAR TIPPS, WIE SIE DAS ERREICHTE GEWICHT AUCH NACH DEM 30-TAGE-PROGRAMM DAUERHAFT BEIBEHALTEN:

1. *Trinken Sie jeden Tag einen grünen Smoothie und essen Sie zwei gesunde Mahlzeiten.* Halten Sie Ihr Leben lang an der Gewohnheit fest, grüne Smoothies zu trinken! Trinken Sie jeden Tag einen grünen Smoothie zum Frühstück und genießen Sie zum Mittag- und Abendessen je eine gesunde Mahlzeit aus naturbelassenen Zutaten. Wenn Sie möchten, können Sie auch jede beliebige andere Mahlzeit durch einen grünen Smoothie ersetzen: Manche Menschen gönnen sich zum Beispiel gerne hin und wieder ein reichhaltiges Frühstück und trinken ihren grünen Smoothie dafür zum Abendessen. Ein grüner Smoothie pro Tag wird Ihnen nicht nur helfen, das erreichte Gewicht zu halten, sondern Sie führen Ihrem Körper damit auch die Nährstoffe zu, die er braucht.

2. *Essen Sie lieber öfter eine Kleinigkeit. Um Ihren Stoffwechsel in Gang zu halten, müssen Sie regelmäßig essen.* Es sollten niemals mehr als vier Stunden vergehen, ohne dass Sie eine Mahlzeit oder einen kleinen Imbiss zu sich nehmen! Man sollte alle drei oder vier Stunden etwas essen, weil man seinem Körper sonst signalisiert, dass er Not leidet oder womöglich gar am Verhungern ist, und darauf reagiert der Organismus, indem er seinen Stoffwechsel herunterfährt, um seine Fettreserven nicht angreifen zu müssen. Also essen Sie lieber ein bisschen mehr! Als kleiner Imbiss für zwischendurch sind Popcorn, Äpfel, Sellerie, Mohrrüben, Gurken, Brokkoli und anderes knuspriges Gemüse zu empfehlen; diese Snacks dürfen Sie sich den ganzen Tag über gönnen. Als besonders eiweißreiche Snacks eignen sich ungesüßte Erdnussbutter, hart gekochte Eier, natriumarme Thunfischkonserven und rohe oder ungesalzene Nüsse und Kerne (nur eine Handvoll).

3. *Planen Sie Ihre Mahlzeiten im Voraus.* Die einfachste Methode, um Ihr Gewicht zu halten, besteht darin, Ihre Mahlzeiten genau vorauszuplanen. Nehmen Sie sich jede Woche ein bisschen Zeit dafür. Überlegen Sie im Voraus, welche Mahlzeiten Sie in der kommenden Woche zubereiten möchten. Reservieren Sie einen Tag pro Woche für die Mahlzeitenplanung und den Einkauf von Lebensmitteln.

4. *Verbringen Sie weniger Zeit in der Küche!* Wenn Sie zum Abendessen gleich zwei Portionen kochen, damit am nächsten Tag noch etwas fürs Mittagessen übrig ist, sparen Sie ungeheuer viel Zeit. Außerdem können Sie einen Teil Ihrer Eiweißration (beispielsweise Fleisch) vom Abendessen bei der nächsten Mittagsmahlzeit als Zutat für einen Salat verwenden – oder sich das Fleisch,

das vom Abendessen übriggeblieben ist, am nächsten Tag in Salatblätter gewickelt als Mittagessen schmecken lassen. Kopfsalat eignet sich sehr gut für solche Wraps. Wenn Sie diese Tipps beherzigen, sparen Sie nicht nur Zeit, sondern auch Geld.

5. *Legen Sie sich eine Rezeptsammlung auf Karteikarten an und machen Sie einen Tag zu Ihrem »Einkaufstag«.* Stellen Sie Einkaufslisten für Ihre Lieblingsgerichte auf. Wenn Sie neue Gerichte entdecken, die Sie mögen, fügen Sie sie zu Ihrer Rezeptbox hinzu – so haben Sie sie stets parat. Es gibt Rezeptboxen mit alphabetisierten Karteikarten zu kaufen, mit deren Hilfe man das gewünschte Rezept schnell und mühelos findet. Oder probieren Sie eine der Apps aus, die einem das Ordnen und Auffinden von Rezepten erleichtern. Machen Sie einen Tag in der Woche zu Ihrem Einkaufstag! Planen Sie Ihre Mahlzeiten stets konsequent für eine Woche im Voraus und kaufen Sie die Zutaten dafür alle auf einmal ein.

6. *Gönnen Sie sich kleine Belohnungen!* Obwohl Sie ein Leben lang etwas dafür tun müssen, Ihr erreichtes Wunschgewicht zu halten, dürfen Sie sich ruhig ein paarmal pro Woche eine »Belohnungsmahlzeit« gönnen. Das Ziel besteht darin, Ihre gesunden neuen Essgewohnheiten dauerhaft beizubehalten – und sich dafür mit zwei bis drei besonders leckeren Mahlzeiten pro Woche zu belohnen. (Ich stelle dabei immer wieder fest, dass ich meine Belohnungsmahlzeiten zwar genieße; trotzdem freue ich mich jedes Mal darauf, nach so einem besonderen Leckerbissen wieder zu meinem gesunden Essverhalten zurückzukehren, weil ich mich damit so viel wohler fühle – und auch besser aussehe.) Außerdem können Sie mit diesen Belohnungsmahlzeiten Ihren Stoffwechsel überlisten, damit er gar nicht erst auf die Idee kommt, es sei womöglich eine Hungersnot ausgebrochen. So können Sie sich ein Leben lang gesund ernähren, sind dabei aber doch flexibel genug, um sich hin und wieder eine Belohnung in Form besonderer Köstlichkeiten zu gönnen.

7. *Bleiben Sie in Bewegung!* Sie sollten an mindestens drei bis fünf Tagen pro Woche körperlich aktiv sein. Wählen Sie eine Aktivität aus, die Ihrem Fitnessniveau entspricht – und wenn es nur ein 20- bis 30-minütiger Spaziergang ist.

8. *Setzen Sie sich unter Zugzwang!* Wenn Sie Ihr erreichtes Gewicht auch langfristig halten möchten, sollten Sie jemanden bitten, Sie dabei zu unterstützen, indem sie oder er Sie immer wieder an Ihre guten Vorsätze erinnert. Sie können auch einer Selbsthilfegruppe oder einem Online-Forum für Menschen mit Gewichtsproblemen beitreten. Auf diese Weise wird es Ihnen leichter fallen, motiviert zu bleiben und nicht wieder zu Ihren alten Gewohnheiten zurückzukehren.

2

Rezepte für grüne Smoothies

Bitte beachten Sie, dass Sie die grünen Salate, Gemüse oder Früchte in den einzelnen Rezepten hin und wieder durch andere austauschen können, wenn Sie möchten. Das dürfte sich nicht negativ auf die Ergebnisse dieses Programms auswirken; allerdings werden Sie dann wahrscheinlich auch Ihre Einkaufslisten entsprechend abändern müssen. Bei Obst ist es am besten, keine Dosenfrüchte, sondern lieber Tiefkühlware zu verwenden. Übrigens: Einige Smoothie-Rezepte in diesem Kapitel wiederholen sich. Das ist Absicht!

TAG 1

Blaubeer-Apfel

3 Handvoll frische Spinatblätter

360 ml Wasser

2 Äpfel, entkernt und geviertelt

460 g gefrorene Blaubeeren

2 Päckchen Stevia

2 Esslöffel gemahlene Leinsamen

Wahlweise: 1 Messlöffel Eiweißpulver

Geben Sie Spinat und Wasser in eine Küchenmaschine und pürieren Sie die Mischung so lange, bis sie eine saftähnliche Konsistenz angenommen hat. Dann schalten Sie die Küchenmaschine aus und geben Äpfel, Blaubeeren, Stevia, Leinsamen und Eiweißpulver (wahlweise) dazu. Pürieren Sie die Zutaten weiter, bis sie cremig sind.

TAG 2

Pfirsich-Ananas

3 Handvoll frische Spinatblätter

480 ml Wasser

450 g gefrorene Ananasstücke

460 g gefrorene Pfirsichscheiben

2 Päckchen Stevia

2 Esslöffel gemahlene Leinsamen

Wahlweise: 1 Messlöffel Eiweißpulver

Geben Sie Spinat und Wasser in eine Küchenmaschine und pürieren Sie die Mischung so lange, bis sie eine saftähnliche Konsistenz angenommen hat. Dann schalten Sie die Küchenmaschine aus und geben Ananas, Pfirsiche, Stevia, Leinsamen und Eiweißpulver (wahlweise) dazu. Pürieren Sie die Zutaten weiter, bis sie cremig sind.

TAG 3

Beeren-Ananas

2 Handvoll frische Spinatblätter
1 Handvoll frische Grünkohlblätter
480 ml Wasser
460 g gefrorene gemischte Beeren
460 g gefrorene Pfirsichscheiben

120 g gefrorene Ananasstücke
2 Päckchen Stevia
2 Esslöffel gemahlene Leinsamen
Wahlweise: 1 Messlöffel
Eiweißpulver

Geben Sie Gemüse und Wasser in eine Küchenmaschine und pürieren Sie die Mischung so lange, bis sie eine saftähnliche Konsistenz angenommen hat. Dann schalten Sie die Küchenmaschine aus und geben Beeren, Pfirsiche, Ananas, Stevia, Leinsamen und Eiweißpulver (wahlweise) dazu. Pürieren Sie die Zutaten weiter, bis sie cremig sind.

TAG 4

Beeren-Weintrauben

3 Handvoll frische Spinatblätter

360 ml Wasser

120 g frische oder gefrorene kernlose Weintrauben

460 g gefrorene Blaubeeren

230 g gefrorene Ananasstücke

2 Esslöffel gemahlene Leinsamen

Wahlweise: 1 Messlöffel Eiweißpulver

Geben Sie Spinat und Wasser in eine Küchenmaschine und pürieren Sie die Mischung so lange, bis sie eine saftähnliche Konsistenz angenommen hat. Dann schalten Sie die Küchenmaschine aus und geben Weintrauben, Blaubeeren, Ananas, Leinsamen und Eiweißpulver (wahlweise) dazu. Pürieren Sie die Zutaten weiter, bis sie cremig sind.

TAG 5

Tropischer Ananas-Smoothie

3 Handvoll frische Spinatblätter
360 ml Wasser
1 Banane, geschält
230 g gefrorene Pfirsichscheiben
230 g gefrorene Ananasstücke

2 Päckchen Stevia
2 Esslöffel gemahlene Leinsamen
*Wahlweise: 1 Messlöffel
Eiweißpulver*

Geben Sie Spinat und Wasser in eine Küchenmaschine und pürieren Sie die Mischung so lange, bis sie eine saftähnliche Konsistenz angenommen hat. Dann schalten Sie die Küchenmaschine aus und geben Banane, Pfirsiche, Ananas, Stevia, Leinsamen und Eiweißpulver (wahlweise) dazu. Pürieren Sie die Zutaten weiter, bis sie cremig sind.

TAG 6

Apfel-Banane

3 Handvoll frische Spinatblätter

360 ml Wasser

1 Apfel, entkernt und geviertelt

1 Banane, geschält

460 g gefrorene Blaubeeren

2 Päckchen Stevia

2 Esslöffel gemahlene Leinsamen

Wahlweise: 1 Messlöffel
Eiweißpulver

Geben Sie Spinat und Wasser in eine Küchenmaschine und pürieren Sie die Mischung so lange, bis sie eine saftähnliche Konsistenz angenommen hat. Dann schalten Sie die Küchenmaschine aus und geben Apfel, Banane, Blaubeeren, Stevia, Leinsamen und Eiweißpulver (wahlweise) dazu. Pürieren Sie die Zutaten weiter, bis sie cremig sind.

TAG 7

Beerenüberraschung

3 Handvoll frische Spinatblätter
360 ml Wasser
450 g gefrorene Ananasstücke
460 g gefrorene gemischte Beeren

2 Päckchen Stevia
2 Esslöffel gemahlene Leinsamen
Wahlweise: 1 Messlöffel Eiweißpulver

Geben Sie Spinat und Wasser in eine Küchenmaschine und pürieren Sie die Mischung so lange, bis sie eine saftähnliche Konsistenz angenommen hat. Dann schalten Sie die Küchenmaschine aus und geben Ananas, Beeren, Stevia, Leinsamen und Eiweißpulver (wahlweise) dazu. Pürieren Sie die Zutaten weiter, bis sie cremig sind.

TAG 8

Blaubeer-Grünkohl

2 Handvoll frische Spinatblätter
1 Handvoll frische Grünkohlblätter
360 ml Wasser
450 g gefrorene Ananasstücke
460 g gefrorene Blaubeeren

2 Päckchen Stevia
2 Esslöffel gemahlene Leinsamen
Wahlweise: 1 Messlöffel
Eiweißpulver

Geben Sie Gemüse und Wasser in eine Küchenmaschine und pürieren Sie die Mischung so lange, bis sie eine saftähnliche Konsistenz angenommen hat. Dann schalten Sie die Küchenmaschine aus und geben Ananas, Blaubeeren, Stevia, Leinsamen und Eiweißpulver (wahlweise) dazu. Pürieren Sie die Zutaten weiter, bis sie cremig sind.

TAG 9

Grünkohl-Banane

2 Handvoll frische Spinatblätter

1 Handvoll frische Grünkohlblätter

360 ml Wasser

460 g gefrorene Erdbeeren

230 g gefrorene Ananasstücke

1 Banane, geschält

2 Päckchen Stevia

2 Esslöffel gemahlene Leinsamen

Wahlweise: 1 Messlöffel
Eiweißpulver

Geben Sie Gemüse und Wasser in eine Küchenmaschine und pürieren Sie die Mischung so lange, bis sie eine saftähnliche Konsistenz angenommen hat. Dann schalten Sie die Küchenmaschine aus und geben Erdbeeren, Ananas, Banane, Stevia, Leinsamen und Eiweißpulver (wahlweise) dazu. Pürieren Sie die Zutaten weiter, bis sie cremig sind.

TAG 10

Erdbeer-Banane

3 Handvoll frische Spinatblätter

360 ml Wasser

230 g gefrorene Erdbeeren

1 Banane, geschält

230 g gefrorene Ananasstücke

2 Päckchen Stevia

2 Esslöffel gemahlene Leinsamen

Wahlweise: 1 Messlöffel Eiweißpulver

Geben Sie Spinat und Wasser in eine Küchenmaschine und pürieren Sie die Mischung so lange, bis sie eine saftähnliche Konsistenz angenommen hat. Dann schalten Sie die Küchenmaschine aus und geben Erdbeeren, Banane, Ananas, Stevia, Leinsamen und Eiweißpulver (wahlweise) dazu. Pürieren Sie die Zutaten weiter, bis sie cremig sind.

TAG 11

Blaubeer-Banane-Spinat

3 Handvoll frische Spinatblätter

360 ml Wasser

230 g gefrorene Blaubeeren

1 Banane, geschält

460 g gefrorene Pfirsichscheiben

2 Päckchen Stevia

2 Esslöffel gemahlene Leinsamen

Wahlweise: 1 Messlöffel Eiweißpulver

Geben Sie Spinat und Wasser in eine Küchenmaschine und pürieren Sie die Mischung so lange, bis sie eine saftähnliche Konsistenz angenommen hat. Dann schalten Sie die Küchenmaschine aus und geben Blaubeeren, Banane, Pfirsiche, Stevia, Leinsamen und Eiweißpulver (wahlweise) dazu. Pürieren Sie die Zutaten weiter, bis sie cremig sind.

TAG 12

Erdbeer-Ananas

2 Handvoll frische Spinatblätter

1 Handvoll gemischte
Frühlingssalatblätter

360 ml Wasser

450 g gefrorene Ananasstücke

230 g gefrorene Erdbeeren

1 Apfel, entkernt und geviertelt

1 Päckchen Stevia

2 Esslöffel gemahlene Leinsamen

Wahlweise: 1 Messlöffel
Eiweißpulver

Geben Sie Spinat, Frühlingssalat und Wasser in eine Küchenmaschine und pürieren Sie die Mischung so lange, bis sie eine saftähnliche Konsistenz angenommen hat. Dann schalten Sie die Küchenmaschine aus und geben Ananas, Erdbeeren, Apfel, Stevia, Leinsamen und Eiweißpulver (wahlweise) dazu. Pürieren Sie die Zutaten weiter, bis sie cremig sind.

TAG 13

Gemischte Beeren-Banane

3 Handvoll frische Spinatblätter

360 ml Wasser

230 g gefrorene gemischte Beeren

230 g gefrorene Ananasstücke

1 Banane, geschält

1 Päckchen Stevia

2 Esslöffel gemahlene Leinsamen

Wahlweise: 1 Messlöffel
Eiweißpulver

Geben Sie Spinat und Wasser in eine Küchenmaschine und pürieren Sie die Mischung so lange, bis sie eine saftähnliche Konsistenz angenommen hat. Dann schalten Sie die Küchenmaschine aus und geben Beeren, Ananas, Banane, Stevia, Leinsamen und Eiweißpulver (wahlweise) dazu. Pürieren Sie die Zutaten weiter, bis sie cremig sind.

TAG 14

Blaubeer-Pfirsich

3 Handvoll frische Spinatblätter
360 ml Wasser
230 g gefrorene Blaubeeren
230 g gefrorene Pfirsichscheiben
230 g gefrorene Mangostücke

1 Apfel, entkernt und geviertelt
1 Päckchen Stevia
2 Esslöffel gemahlene Leinsamen
Wahlweise: 1 Messlöffel
Eiweißpulver

Geben Sie Spinat und Wasser in eine Küchenmaschine und pürieren Sie die Mischung so lange, bis sie eine saftähnliche Konsistenz angenommen hat. Dann schalten Sie die Küchenmaschine aus und geben Blaubeeren, Pfirsiche, Mango, Apfel, Stevia, Leinsamen und Eiweißpulver (wahlweise) dazu. Pürieren Sie die Zutaten weiter, bis sie cremig sind.

TAG 15

Orange-Spinat

3 Handvoll frische Spinatblätter
360 ml Wasser
1 Banane, geschält
Saft von 1 Orange
230 g gefrorene Ananasstücke

230 g gefrorene Pfirsichscheiben
1 Päckchen Stevia
2 Esslöffel gemahlene Leinsamen
Wahlweise: 1 Messlöffel
Eiweißpulver

Geben Sie Spinat und Wasser in eine Küchenmaschine und pürieren Sie die Mischung so lange, bis sie eine saftähnliche Konsistenz angenommen hat. Dann schalten Sie die Küchenmaschine aus und geben die Banane, Orangensaft, Ananas, Pfirsiche, Stevia, Leinsamen und Eiweißpulver (wahlweise) dazu. Pürieren Sie die Zutaten weiter, bis sie cremig sind.

TAG 16

Blaubeer-Apfel-Banane

3 Handvoll frische Spinatblätter
480 ml Wasser
350 g gefrorene Blaubeeren
1 Banane, geschält
1 Apfel, entkernt und geviertelt

1 Päckchen Stevia
2 Esslöffel gemahlene Leinsamen
Wahlweise: 1 Messlöffel
Eiweißpulver

Geben Sie Spinat und Wasser in eine Küchenmaschine und pürieren Sie die Mischung so lange, bis sie eine saftähnliche Konsistenz angenommen hat. Dann schalten Sie die Küchenmaschine aus und geben Blaubeeren, Banane, Apfel, Stevia, Leinsamen und Eiweißpulver (wahlweise) dazu. Pürieren Sie die Zutaten weiter, bis sie cremig sind.

TAG 17

Mango-Weintraube

3 Handvoll frische Spinatblätter

480 ml Wasser

230 g gefrorene Mangostücke

120 g frische oder gefrorene
kernlose Weintrauben

1 Apfel, entkernt und geviertelt

230 g gefrorene Erdbeeren

1 Päckchen Stevia

2 Esslöffel gemahlene Leinsamen

Wahlweise: 1 Messlöffel
Eiweißpulver

Geben Sie Spinat und Wasser in eine Küchenmaschine und pürieren Sie die Mischung so lange, bis sie eine saftähnliche Konsistenz angenommen hat. Dann schalten Sie die Küchenmaschine aus und geben Mango, Weintrauben, Apfel, Erdbeeren, Stevia, Leinsamen und Eiweißpulver (wahlweise) dazu. Pürieren Sie die Zutaten weiter, bis sie cremig sind.

TAG 18

Apfel-Frühlingssalat

2 Handvoll gemischte
Frühlingssalatblätter
1 Handvoll frische Spinatblätter
480 ml Wasser
1 Banane, geschält
2 Äpfel, entkernt und geviertelt

350 g gefrorene Erdbeeren
2 Päckchen Stevia
2 Esslöffel gemahlene Leinsamen
Wahlweise: 1 Messlöffel
Eiweißpulver

Geben Sie Salat, Spinat und Wasser in eine Küchenmaschine und pürieren Sie die Mischung so lange, bis sie eine saftähnliche Konsistenz angenommen hat. Dann schalten Sie die Küchenmaschine aus und geben Banane, Äpfel, Erdbeeren, Stevia, Leinsamen und Eiweißpulver (wahlweise) dazu. Pürieren Sie die Zutaten weiter, bis sie cremig sind.

Mango-Banane

2 Handvoll gemischte
Frühlingssalatblätter
1 Handvoll frische Spinatblätter
480 ml Wasser
1 Banane, geschält
230 g gefrorene Ananasstücke

350 g gefrorene Mangostücke
230 g gefrorene gemischte Beeren
3 Päckchen Stevia
2 Esslöffel gemahlene Leinsamen
Wahlweise: 1 Messlöffel
Eiweißpulver

Geben Sie Salat, Spinat und Wasser in eine Küchenmaschine und pürieren Sie die Mischung so lange, bis sie eine saftähnliche Konsistenz angenommen hat. Dann schalten Sie die Küchenmaschine aus und geben Banane, Ananas, Mango, Beeren, Stevia, Leinsamen und Eiweißpulver (wahlweise) dazu. Pürieren Sie die Zutaten weiter, bis sie cremig sind.

TAG 20

Pfirsich-Banane

3 Handvoll frische Spinatblätter

480 ml Wasser

1 Banane, geschält

230 g gefrorene Ananasstücke

460 g gefrorene Pfirsichscheiben

1 ½ Päckchen Stevia

2 Esslöffel gemahlene Leinsamen

Wahlweise: 1 Messlöffel Eiweißpulver

Geben Sie Spinat und Wasser in eine Küchenmaschine und pürieren Sie die Mischung so lange, bis sie eine saftähnliche Konsistenz angenommen hat. Dann schalten Sie die Küchenmaschine aus und geben Banane, Ananas, Pfirsiche, Stevia, Leinsamen und Eiweißpulver (wahlweise) dazu. Pürieren Sie die Zutaten weiter, bis sie cremig sind.

Blaubeer-Spinat

3 Handvoll frische Spinatblätter
480 ml Wasser
350 g gefrorene Blaubeeren
230 g gefrorene Pfirsichscheiben
120 g frische oder gefrorene
kernlose Weintrauben

3 Päckchen Stevia
2 Esslöffel gemahlene Leinsamen
Wahlweise: 1 Messlöffel
Eiweißpulver

Geben Sie Spinat und Wasser in eine Küchenmaschine und pürieren Sie die Mischung so lange, bis sie eine saftähnliche Konsistenz angenommen hat. Dann schalten Sie die Küchenmaschine aus und geben Blaubeeren, Pfirsiche, Weintrauben, Stevia, Leinsamen und Eiweißpulver (wahlweise) dazu. Pürieren Sie die Zutaten weiter, bis sie cremig sind.

TAG 22

Banane-Grünkohl-Beeren

1 Handvoll frische Grünkohlblätter
2 Handvoll frische Spinatblätter
480 ml Wasser
460 g gefrorene Blaubeeren
1 Apfel, entkernt und geviertelt

1 Banane, geschält
2 Päckchen Stevia
2 Esslöffel gemahlene Leinsamen
Wahlweise: 1 Messlöffel
Eiweißpulver

Geben Sie Gemüse und Wasser in eine Küchenmaschine und pürieren Sie die Mischung so lange, bis sie eine saftähnliche Konsistenz angenommen hat. Dann schalten Sie die Küchenmaschine aus und geben Blaubeeren, Apfel, Banane, Stevia, Leinsamen und Eiweißpulver (wahlweise) dazu. Pürieren Sie die Zutaten weiter, bis sie cremig sind.

TAG 23

Mango-Spinat

3 Handvoll frische Spinatblätter

480 ml Wasser

1 Apfel, entkernt und geviertelt

350 g gefrorene Mangostücke

460 g gefrorene Erdbeeren

1 Päckchen Stevia

2 Esslöffel gemahlene Leinsamen

Wahlweise: 1 Messlöffel
Eiweißpulver

Geben Sie Spinat und Wasser in eine Küchenmaschine und pürieren Sie die Mischung so lange, bis sie eine saftähnliche Konsistenz angenommen hat. Dann schalten Sie die Küchenmaschine aus und geben Apfel, Mango, Erdbeeren, Stevia, Leinsamen und Eiweißpulver (wahlweise) dazu. Pürieren Sie die Zutaten weiter, bis sie cremig sind.

TAG 24

Ananas-Pfirsich

1 Handvoll frische Grünkohlblätter
2 Handvoll frische Spinatblätter
480 ml Wasser
350 g gefrorene Pfirsichscheiben
450 g gefrorene Ananasstücke

2 Päckchen Stevia
2 Esslöffel gemahlene Leinsamen
Wahlweise: 1 Messlöffel
Eiweißpulver

Geben Sie Gemüse und Wasser in eine Küchenmaschine und pürieren Sie die Mischung so lange, bis sie eine saftähnliche Konsistenz angenommen hat. Dann schalten Sie die Küchenmaschine aus und geben Pfirsiche, Ananas, Stevia, Leinsamen und Eiweißpulver (wahlweise) dazu. Pürieren Sie die Zutaten weiter, bis sie cremig sind.

TAG 25

- - - - - - - - - - - - - -

Beeren-Grünkohl

1 Handvoll frische Grünkohlblätter
2 Handvoll frische Spinatblätter
360 ml Wasser
350 g gefrorene gemischte Beeren
1 Apfel, entkernt und geviertelt

350 g gefrorene Pfirsichscheiben
2 Päckchen Stevia
2 Esslöffel gemahlene Leinsamen
Wahlweise: 1 Messlöffel Eiweißpulver

Geben Sie Gemüse und Wasser in eine Küchenmaschine und pürieren Sie die Mischung so lange, bis sie eine saftähnliche Konsistenz angenommen hat. Dann schalten Sie die Küchenmaschine aus und geben Beeren, Apfel, Pfirsiche, Stevia, Leinsamen und Eiweißpulver (wahlweise) dazu. Pürieren Sie die Zutaten weiter, bis sie cremig sind.

TAG 26

Erdbeer-Banane

3 Handvoll frische Spinatblätter
360 ml Wasser
230 g gefrorene Erdbeeren
1 Banane, geschält
230 g gefrorene Ananasstücke

2 Päckchen Stevia
2 Esslöffel gemahlene Leinsamen
Wahlweise: 1 Messlöffel
Eiweißpulver

Geben Sie Spinat und Wasser in eine Küchenmaschine und pürieren Sie die Mischung so lange, bis sie eine saftähnliche Konsistenz angenommen hat. Dann schalten Sie die Küchenmaschine aus und geben Erdbeeren, Banane, Ananas, Stevia, Leinsamen und Eiweißpulver (wahlweise) dazu. Pürieren Sie die Zutaten weiter, bis sie cremig sind.

TAG 27

Blaubeer-Grünkohl

2 Handvoll frische Spinatblätter

1 Handvoll frische Grünkohlblätter

360 ml Wasser

450 g gefrorene Ananasstücke

460 g gefrorene Blaubeeren

2 Päckchen Stevia

2 Esslöffel gemahlene Leinsamen

Wahlweise: 1 Messlöffel Eiweißpulver

Geben Sie Gemüse und Wasser in eine Küchenmaschine und pürieren Sie die Mischung so lange, bis sie eine saftähnliche Konsistenz angenommen hat. Dann schalten Sie die Küchenmaschine aus und geben Ananas, Blaubeeren, Stevia, Leinsamen und Eiweißpulver (wahlweise) dazu. Pürieren Sie die Zutaten weiter, bis sie cremig sind.

TAG 28

Beerenüberraschung

3 Handvoll frische Spinatblätter

360 ml Wasser

450 g gefrorene Ananasstücke

460 g gefrorene gemischte Beeren

2 Päckchen Stevia

2 Esslöffel gemahlene Leinsamen

Wahlweise: 1 Messlöffel Eiweißpulver

Geben Sie Spinat und Wasser in eine Küchenmaschine und pürieren Sie die Mischung so lange, bis sie eine saftähnliche Konsistenz angenommen hat. Dann schalten Sie die Küchenmaschine aus und geben Ananas, Beeren, Stevia, Leinsamen und Eiweißpulver (wahlweise) dazu. Pürieren Sie die Zutaten weiter, bis sie cremig sind.

TAG 29

Tropischer Ananas-Smoothie

3 Handvoll frische Spinatblätter

360 ml Wasser

1 Banane, geschält

230 g gefrorene Pfirsichscheiben

230 g gefrorene Ananasstücke

2 Päckchen Stevia

2 Esslöffel gemahlene Leinsamen

Wahlweise: 1 Messlöffel Eiweißpulver

Geben Sie Spinat und Wasser in eine Küchenmaschine und pürieren Sie die Mischung so lange, bis sie eine saftähnliche Konsistenz angenommen hat. Dann schalten Sie die Küchenmaschine aus und geben Banane, Pfirsiche, Ananas, Stevia, Leinsamen und Eiweißpulver (wahlweise) dazu. Pürieren Sie die Zutaten weiter, bis sie cremig sind.

TAG 30

Pfirsich-Ananas

3 Handvoll frische Spinatblätter

480 ml Wasser

450 g gefrorene Ananasstücke

460 g gefrorene Pfirsichscheiben

2 Päckchen Stevia

2 Esslöffel gemahlene Leinsamen

Wahlweise: 1 Messlöffel Eiweißpulver

Geben Sie Spinat und Wasser in eine Küchenmaschine und pürieren Sie die Mischung so lange, bis sie eine saftähnliche Konsistenz angenommen hat. Dann schalten Sie die Küchenmaschine aus und geben Ananas, Pfirsiche, Stevia, Leinsamen und Eiweißpulver (wahlweise) dazu. Pürieren Sie die Zutaten weiter, bis sie cremig sind.

3

Gesunde
Rezepte fürs
Abendessen

TAG 1 & 2

Brathähnchen im Cajun-Stil mit Blumenkohl

2 PORTIONEN

450 g Hähnchenbrust, enthäutet und ohne Knochen, in etwa 1,5 cm breite Streifen geschnitten

1 kleiner Blumenkohl, geputzt und in kleine Röschen zerteilt

1 mittelgroße rote Paprika, entstielt, entkernt und in dünne Streifen geschnitten

1 mittelgroße gelbe Paprika, entstielt, entkernt und in dünne Streifen geschnitten

3 Esslöffel natives Olivenöl extra

1 Esslöffel Cajun-Gewürzmischung (trocken)

2 Esslöffel Rotweinessig

1. Heizen Sie den Backofen auf 190 °C vor.

2. Geben Sie Hähnchenstreifen, Blumenkohl und Paprika zusammen mit dem Olivenöl und der Cajun-Gewürzmischung in eine große, backofenfeste Bratpfanne und schwenken Sie diese, bis die Zutaten sich gleichmäßig mit Öl und Gewürzen überzogen haben.

3. Schieben Sie die Pfanne in den Backofen und backen Sie die Mischung unter gelegentlichem Umrühren 25 Minuten lang, bis die Hähnchenstreifen gar sind und das Gemüse zart ist.

4. Nehmen Sie die Pfanne aus dem Ofen und beträufeln Sie die Hähnchenstreifen mit dem Essig. Vor dem Servieren kratzen Sie angebackene, gebräunte Fleisch- und Gemüsestückchen aus der Pfanne und geben Sie über das fertige Gericht.

TAG 3 & 4

Caesar Salad mit Lachs

2 PORTIONEN

1 Teelöffel Knoblauchsalz

½ Teelöffel Zitronenpfeffer

2 Lachsfilets (ca. 170 g), enthäutet

1 Esslöffel natives Olivenöl extra

2 Römersalatherzen, abgespült und trocken getupft

120 ml Caesar-Salad-Dressing (natriumarm)

1 Esslöffel geriebener Parmesan

Frisch gemahlener schwarzer Pfeffer nach Belieben

1. Bestreuen Sie den Lachs mit Knoblauchsalz und Zitronenpfeffer.

2. Erwärmen Sie eine Schwenkpfanne bei mittlerer bis hoher Temperatur, gießen Sie das Olivenöl hinein und schwenken Sie die Pfanne, damit das Öl sich gleichmäßig darin verteilt.

3. Geben Sie die Lachsfilets in die Pfanne und braten Sie sie 2 bis 3 Minuten lang in dem Öl an, bis sie an den Unterseiten gleichmäßig gebräunt und leicht knusprig sind.

4. Dann wenden Sie die Filets und braten sie auf der anderen Seite 4 bis 6 Minuten lang, bis sie die gewünschte Temperatur erreicht haben.

5. Währenddessen zerkleinern Sie den Römersalat in mundgerechte Stücke und legen diese in eine große Schüssel.

6. Dressing, Parmesan und schwarzen Pfeffer in die Schüssel geben und alle Zutaten gut miteinander vermischen.

7. Halbieren Sie die Lachsfilets, legen Sie sie auf den Salat und servieren Sie ihn.

TAG 5 & 6

Gebackenes Hähnchen mit Gemüse

2 PORTIONEN

1000 g Hähnchen, enthäutet und in vier Teile portioniert

Meersalz

Frisch gemahlener schwarzer Pfeffer

1 Zitrone, halbiert

3 Esslöffel natives Olivenöl extra

100 g Brokkoliröschen

100 g Babykarotten, in etwa 1,5 cm lange Stücke geschnitten

1 kleine rote Zwiebel, in dünne Scheiben geschnitten

2 Esslöffel klein gehackter frischer Dill

1. Heizen Sie den Backofen auf 260 °C vor.

2. Spülen Sie das Hähnchenfleisch ab und tupfen Sie es trocken.

3. Würzen Sie es mit Salz und Pfeffer und geben Sie es in eine Bratpfanne.

4. Beträufeln Sie das Fleisch mit dem Saft von ½ Zitrone und 1 Esslöffel Öl.

5. Schieben Sie die Pfanne in den Backofen und braten Sie das Hähnchen 15 Minuten lang.

6. Vermischen Sie in einer Schüssel Brokkoli, Karotten und Zwiebelscheiben mit den restlichen 2 Esslöffeln Öl und würzen Sie die Mischung mit Salz und Pfeffer.

7. Nehmen Sie die Pfanne mit dem Hähnchenfleisch aus dem Backofen und arrangieren Sie das Gemüse außen herum.

8. Schieben Sie die Pfanne wieder in den Ofen und braten das Ganze noch 20 bis 25 Minuten lang, bis das Gemüse zart und das Fleisch gar ist und eine goldbraune Färbung angenommen hat.

9. Nehmen Sie die Pfanne aus dem Ofen und beträufeln Sie Hähnchen und Gemüse mit dem Saft der restlichen ½ Zitrone.

10. Vor dem Servieren garnieren Sie das Gericht mit dem Dill und würzen es mit Salz und Pfeffer.

TAG 7 & 8

- - - - - - - - - - - - - - - - - -

Erdbeer-Spinat-Salat

2 PORTIONEN

300 g Babyspinat

150 g Erdbeeren, gewaschen, entstielt und in Scheiben geschnitten

40 g Kürbiskerne, geröstet

VINAIGRETTE

60 ml natives Olivenöl extra

2 Esslöffel Rotweinessig

1 Teelöffel Dijonsenf

1 Teelöffel Agavendicksaft

1 Prise Meersalz

1. Geben Sie den Spinat und die Hälfte der Erdbeerscheiben in eine große Schüssel.

2. Für die Vinaigrette verrühren Sie in einer kleinen Schüssel Öl, Essig, Senf, Agavendicksaft und Salz miteinander.

3. Gießen Sie die Vinaigrette über den Erdbeer-Spinat-Salat und vermischen Sie ihn gleichmäßig damit.

4. Zum Schluss bestreuen Sie den Salat mit den Kürbiskernen und den restlichen Erdbeerscheiben und servieren ihn portionsweise in Salatschüsseln.

TAG 9 & 10

Grünkohlsalat mit gegrillten Jakobsmuscheln

2 PORTIONEN

320 g schwarze Bohnen aus der Dose, abgegossen und abgespült

2 eingelegte geröstete rote Paprika, abgegossen und klein geschnitten

2 Esslöffel Lake von der roten Paprika

2 Esslöffel Balsamico-Essig

2 Esslöffel natives Olivenöl extra

400 g junge Grünkohlblätter

1 Esslöffel Kokosöl

450 g Jakobsmuscheln

½ Teelöffel Meersalz

½ Teelöffel frisch gemahlener schwarzer Pfeffer

1. Vermischen Sie Bohnen, rote Paprika, Lake, Essig und Olivenöl in einer großen Salatschüssel gut miteinander. Stellen Sie die Schüssel beiseite.

2. Legen Sie die Grünkohlblätter darauf. (Sie sollten nicht mit dem Dressing vermischt werden.)

3. Zerlassen Sie das Kokosöl bei mittlerer Hitze in einer großen Pfanne.

4. Würzen Sie die Jakobsmuscheln mit Salz und Pfeffer. Dann geben Sie sie in die Pfanne und braten sie unter einmaligem Wenden 4 Minuten lang, bis sie gar und gebräunt sind.

5. Zum Schluss vermischen Sie den Grünkohl in der Schüssel mit dem Dressing und verteilen den Salat auf zwei Servierteller. Die Muscheln auf den Salat legen und servieren.

TAG 11 & 12

Blattkohl mit Schwarzaugenbohnen

2 PORTIONEN

1400 g Blattkohl, gewaschen

4 Esslöffel natives Olivenöl extra

4 Knoblauchzehen, klein geschnitten

1 rote Zwiebel, gewürfelt

600 g Schwarzaugenbohnen aus der Dose, abgespült und abgetropft

1 Spritzer Apfelessig

Meersalz

Frisch gemahlener schwarzer Pfeffer

1. Schneiden Sie den Blattkohl in mundgerechte Stücke.

2. Erwärmen Sie das Öl bei mittlerer Hitze in einem großen Topf und dünsten Sie Knoblauch und Zwiebel darin an, bis sie weich sind.

3. Geben Sie den Blattkohl dazu und rühren Sie so lange um, bis er weich ist. (Gießen Sie bei Bedarf Wasser dazu, damit der Kohl nicht anbrennt.)

4. Dann fügen Sie die Schwarzaugenbohnen und den Essig hinzu und lassen das Gericht 5 bis 6 Minuten lang köcheln, bis alle Zutaten sich gleichmäßig erwärmt haben. Schmecken Sie vor dem Servieren mit Meersalz und Pfeffer ab.

TAG 13 & 14

Spinatsalat mit Hähnchenwürfeln

2 PORTIONEN

DRESSING

2 Esslöffel Rotweinessig

1 Teelöffel Dijonsenf

¾ Teelöffel Meersalz

¼ Teelöffel frisch gemahlener schwarzer Pfeffer

80 ml natives Olivenöl extra

350 g gegrillte Hähnchenbrust, enthäutet und ohne Knochen, gewürfelt (Sie können das Hähnchenfleisch auch bereits vorgegrillt kaufen.)

450 g Babyspinat, abgespült und trocken getupft

75 g klein gehackte Walnüsse

1 kleine rote Zwiebel, gewürfelt

1 Apfel, geschält, entkernt, geviertelt und in kleine Stücke geschnitten

1. Für das Dressing verquirlen Sie in einer kleinen Schüssel den Essig mit Senf, Salz und Pfeffer. Zum Schluss rühren Sie das Öl ein.

2. Geben Sie die Hähnchenwürfel zusammen mit 2 Esslöffeln von dem Dressing in eine große Schüssel.

3. Lassen Sie die Hähnchenwürfel ungefähr 15 Minuten lang in dem Dressing ziehen.

4. Dann heben Sie Spinat, Walnüsse, Zwiebel, Apfel und das restliche Dressing unter und vermischen alle Zutaten gleichmäßig miteinander.

TAG 15 & 16

- - - - - - - - - - - - - - - - - - - -

Scampi in Weißweinsauce mit Zucchininudeln

2 PORTIONEN

2 Esslöffel natives Olivenöl extra

1 Esslöffel Knoblauch, klein geschnitten

¼ Teelöffel zerdrückte rote Chiliflocken

450 g Scampi, geschält und entdarmt

Meersalz

Frisch gemahlener schwarzer Pfeffer

60 ml trockener Weißwein

2 Esslöffel frisch gepresster Zitronensaft

3 kleine oder 2 große Zucchini, mit dem Spiralschneider in Spaghettiform geschnitten

1. Erhitzen Sie das Öl 1 Minute lang bei niedriger bis mittlerer Hitze in einer großen Schwenkpfanne.

2. Geben Sie Knoblauch und rote Chiliflocken hinein und dünsten Sie beides unter ständigem Umrühren 1 Minute lang in dem Öl an.

3. Fügen Sie die Scampi hinzu und garen Sie sie ungefähr 3 Minuten lang, bis sie durch und auf allen Seiten rosa sind. (Bei Bedarf umrühren.)

4. Würzen Sie die Scampi mit Salz und Pfeffer und geben Sie sie in eine Schüssel. Die Flüssigkeit verbleibt in der Pfanne.

5. Dann geben Sie Wein und Zitronensaft hinzu und lassen die Sauce bei mittlerer Hitze 2 Minuten lang köcheln.

6. Fügen Sie die Zucchinispaghetti hinzu und dünsten Sie sie unter gelegentlichem Umrühren 2 bis 3 Minuten lang in der Sauce an.

7. Geben Sie die Scampi in die Pfanne zurück und schwenken Sie diese, damit alle Zutaten sich gut miteinander vermischen.

8. Würzen Sie das Gericht mit Salz und Pfeffer und servieren Sie es sofort.

TAG 17 & 18

- -

Im Ofen gebackene Putenschnitzel

4 PORTIONEN

Kokosölspray

30 g gemahlene Pekannüsse

1 Bund frische Petersilie, klein gehackt

2 Esslöffel geriebener Parmesan

1 Teelöffel fein geriebene Zitronenschale

½ Teelöffel Muskat

½ Teelöffel Meersalz

½ Teelöffel frisch gemahlener schwarzer Pfeffer

4 Putenschnitzel (zu je ca. 120 g)

1. Heizen Sie den Backofen auf 190 °C vor.

2. Sprühen Sie ein großes Backblech leicht mit Kokosölspray ein.

3. Vermischen Sie Pekannüsse, Petersilie, Parmesan, Zitronenschale, Muskat, Salz und Pfeffer auf einem großen flachen Teller miteinander.

4. Wälzen Sie die Putenschnitzel auf beiden Seiten in der Pekannussmischung.

5. Dann legen Sie die Schnitzel auf das Backblech und sprühen sie an den Oberseiten mit dem Kokosölspray ein.

6. Backen Sie die Putenschnitzel 20 Minuten lang, bis sie (vor allem an den Rändern) eine goldbraune Färbung angenommen haben.

TAG 19 & 20

- -

Italienische Shrimps

2 PORTIONEN

450 g frische vorgegarte Shrimps

1 Teelöffel Knoblauchpulver

1 Esslöffel Basilikum (getrocknet)

2 Esslöffel Tomatenmark
(ohne Zuckerzusatz)

1 Esslöffel natives Olivenöl extra

Saft von ½ Zitrone

Meersalz

Frisch gemahlener schwarzer
Pfeffer

1. Erhitzen Sie das Öl bei mittlerer Hitze in einer Schwenkpfanne und geben Sie Shrimps, Knoblauchpulver, Basilikum und Tomatenmark hinein. Rühren Sie um, bis alle Zutaten sich gut miteinander vermischt haben, und lassen Sie das Ganze unter ständigem Umrühren so lange köcheln, bis die Shrimps sich erwärmt haben.

2. Dann drücken Sie die halbe Zitrone über den Shrimps aus, schmecken das Gericht mit Salz und Pfeffer ab und servieren es.

Gedünstete Tomaten mit Spinat

2 PORTIONEN

4 Esslöffel Traubenkernöl

*2 kleine rote Zwiebeln,
fein gehackt*

*4 Teelöffel geriebener frischer
Ingwer*

*5 kleine Knoblauchzehen,
klein geschnitten*

1 Teelöffel Meersalz

*4 Pflaumentomaten, entkernt und
in Würfel geschnitten*

350 g Babyspinat

1 Zitrone

1. Erwärmen Sie eine große Bratpfanne bei mittlerer bis hoher Temperatur, geben Sie das Öl hinein und dünsten Sie die Zwiebeln 2 Minuten lang darin an.

2. Dann fügen Sie Ingwer, Knoblauch und Salz hinzu und dünsten das Ganze noch 30 bis 45 Sekunden lang. Geben Sie die Tomaten in die Pfanne und lassen Sie alle Zutaten ungefähr 2 weitere Minuten lang köcheln.

3. Zum Schluss geben Sie den Spinat dazu und dünsten ihn so lange, bis er weich ist. Gießen Sie zwischendurch immer wieder etwas Wasser dazu, damit der Spinat nicht am Pfannenboden anbäckt und anbrennt. Würzen Sie das Gericht vor dem Servieren mit Salz und Zitronensaft.

Knusprige Forellenfilets mit Zitronensaft und Kichererbsen

2 PORTIONEN

½ Teelöffel Kreuzkümmelpulver

½ Teelöffel Meersalz

½ Teelöffel frisch gemahlener schwarzer Pfeffer

2 (etwa 225 g schwere) Forellenfilets, in der Mitte halbiert

3 Esslöffel natives Olivenöl extra

2 große Schalotten, in halbmondförmige Ringe geschnitten

180 g Kichererbsen aus der Dose, abgespült und abgegossen

1 Teelöffel klein geschnittener Knoblauch

1 Teelöffel frischer Thymian (entstielt)

1 ½ Esslöffel Zitronensaft

1. Vermengen Sie Kreuzkümmel, Salz und Pfeffer in einer kleinen Schüssel miteinander. Bestreuen Sie die Forellenfilets mit dieser Mischung.

2. Erwärmen Sie in einer großen Bratpfanne bei mittlerer Hitze 2 Esslöffel Öl.

3. Geben Sie die Filets in die Pfanne und braten Sie sie unter einmaligem Wenden 7 Minuten lang (oder bis sie gar sind) in dem Öl. Nehmen Sie sie heraus und legen Sie sie auf Servierteller.

4. Dann gießen Sie den restlichen Esslöffel Öl in die Pfanne, fügen die Schalotten hinzu und dünsten sie unter häufigem Umrühren 2 Minuten lang an, bis sie weich sind.

5. Zum Schluss rühren Sie Kichererbsen, Knoblauch und Thymian ein und lassen das Ganze unter ständigem Umrühren noch 1 Minute lang weiterdünsten.

6. Den Zitronensaft hinzufügen, gründlich umrühren und die Schalottensauce vor dem Servieren über die Filets geben.

Grüne-Bohnen-Salat mit Shrimps

2 PORTIONEN

MARINADE

4 große Knoblauchzehen, geschält

60 ml natives Olivenöl extra

2 Esslöffel Limettensaft

1 Teelöffel Rosmarin (getrocknet)

½ Teelöffel Knoblauchsalz

450 g große Shrimps, geschält und entdarmt

450 g frische grüne Bohnen, geputzt

60 ml natives Olivenöl extra

1 Teelöffel Knoblauch, klein geschnitten

½ rote Zwiebel, in dünne Scheiben geschnitten

Meersalz

½ Teelöffel frisch gemahlener schwarzer Pfeffer

60 g zerbröselter Feta

1. Für die Marinade pürieren Sie Knoblauchzehen, Öl, Limettensaft, Rosmarin und Knoblauchsalz im Mixer glatt.

2. Füllen Sie die Marinade in einen verschließbaren Plastikbeutel, geben Sie die Shrimps hinzu und lassen Sie sie mindestens 30 Minuten lang im Kühlschrank marinieren.

3. Heizen Sie den Backofen auf Grillfunktion vor.

4. Legen Sie ein Backblech mit Alufolie aus und geben die Shrimps mit der Marinade darauf, schieben das Blech in den Backofen und grillen die Shrimps 3 bis 4 Minuten pro Seite. Sobald sie gar sind, füllen Sie sie in eine Schüssel.

5. Bringen Sie in einem großen Topf leicht gesalzenes Wasser zum Aufkochen. Geben Sie die grünen Bohnen hinein und kochen Sie sie 4 bis 5 Minuten lang, bis sie weich sind. Dann gießen Sie die Bohnen ab und legen sie in eine große Schüssel.

6. Erhitzen Sie in einer großen Pfanne bei mittlerer Hitze das Öl, rühren den klein geschnittenen Knoblauch und die Zwiebelscheiben ein und dünsten das Ganze, bis die Zwiebel weich ist.

7. Zum Schluss gießen Sie die Knoblauch-Zwiebel-Mischung über die Bohnen, fügen die Shrimps hinzu und schwenken die Pfanne, damit alle Zutaten sich gut miteinander vermischen. Würzen Sie das Gericht mit Salz und Pfeffer und vermengen Sie nochmals alles gründlich miteinander.

8. Den Feta einrühren und das Gericht sofort servieren.

TAG 27 & 28

Pfeffrige Flunderfilets mit Ananascouscous

3 PORTIONEN

560 ml natriumarme Hühnerbrühe

190 g Vollkornweizencouscous

2 Teelöffel natives Olivenöl extra

¼ Teelöffel Meersalz

¼ Teelöffel frischgemahlener schwarzer Pfeffer

3 (etwa 120 g schwere) Flunderfilets, in der Mitte halbiert

380 g frische Ananas, in 2,5 cm große Würfel geschnitten

1 rote Paprika, gewürfelt

2 Esslöffel kleingeschnittener frischer Schnittlauch

1. Bringen Sie 320 ml von der Brühe in einem kleinen Topf zum Kochen. Rühren Sie den Couscous ein.

2. Nehmen Sie den Topf sofort von der Herdplatte, decken ihn zu und lassen ihn 5 Minuten lang stehen, damit der Couscous die Flüssigkeit aufnehmen kann. Stellen Sie den Topf beiseite.

3. Erwärmen Sie in einer großen Pfanne bei mittlerer bis hoher Temperatur das Öl.

4. Bestreuen Sie die Fischfilets von beiden Seiten mit Salz und schwarzem Pfeffer.

5. Dann legen Sie die Filets in die Pfanne und braten sie auf jeder Seite 1 bis 2 Minuten lang an, bis sie eine goldbraune Färbung angenommen haben. Nehmen Sie sie wieder heraus und stellen Sie sie beiseite.

6. Geben Sie Ananas- und Paprikawürfel in die Pfanne und dünsten Sie sie bei mittlerer bis hoher Temperatur unter gelegentlichem Umrühren 2 Minuten lang an.

7. Rühren Sie den gegarten Couscous sowie Schnittlauch und die restlichen 240 ml Brühe ein und vermischen Sie alle Zutaten gut miteinander.

8. Zum Schluss legen Sie die Filets auf die Couscousmischung, decken das Ganze mit Alufolie ab und garen es noch 2 bis 3 Minuten lang weiter, bis der Fisch unter der Folie zart geworden ist und dampft.

9. Nehmen Sie die Pfanne von der Herdplatte und servieren das Gericht sofort.

TAG 29 & 30

Spinatsalat mit Äpfeln und Walnüssen

2 PORTIONEN

1 Apfel, geschält, entkernt, geviertelt und in mundgerechte Stücke geschnitten

4 Esslöffel Zitronensaft

3 Esslöffel natives Olivenöl extra

1 Esslöffel Apfelessig

1 Esslöffel roher Honig

Meersalz

Frisch gemahlener schwarzer Pfeffer

350 g Babyspinat

40 g (2 ½ Esslöffel) zerbröselter Feta

50 g klein gehackte Walnüsse

1. Vermischen Sie die Apfelstücke mit 2 Esslöffeln Zitronensaft.

2. Für das Dressing verquirlen Sie die restlichen 2 Esslöffel Zitronensaft mit Öl, Essig und Honig. Schmecken Sie es mit Salz und Pfeffer ab.

3. Geben Sie den Spinat in eine große Schüssel, fügen das Dressing hinzu und vermischen alles gut miteinander.

4. Zum Schluss geben Sie die Apfelstücke in den Salat und bestreuen ihn mit dem Feta und den Walnüssen.

4

Rezept-
alternativen
für gesunde
Mahlzeiten

Knuspriges Backhähnchen

2 PORTIONEN

40 g trocken geröstete Erdnüsse
(ungesalzen)

1 ½ Esslöffel Knoblauchpulver

1 ½ Teelöffel Ingwerpulver

2 Hähnchenbrustfilets, enthäutet
(insgesamt etwa 240 g)

1 Limette

1. Heizen Sie den Backofen auf 190 °C vor.

2. Zermahlen Sie die Erdnüsse in einer Mini-Küchenmaschine fein.

3. Geben Sie das Erdnuss-, Knoblauch- und Ingwerpulver in eine kleine Schüssel und wälzen Sie die Hähnchenbrustfilets in der Mischung, bis sie auf allen Seiten gleichmäßig damit überzogen sind.

4. Legen Sie die Filets auf ein Backblech und beträufeln Sie sie mit Limettensaft.

5. Backen Sie sie 25 bis 30 Minuten lang, bis sie in der Mitte nicht mehr rosa sind.

Hühnereintopf mit Schwarzaugenbohnen und Mangold

2 PORTIONEN

3 Esslöffel natives Olivenöl extra

1 mittelgroße grüne Paprika, entstielt, entkernt und klein geschnitten

1 kleine Küchenzwiebel oder weiße Zwiebel, klein gehackt

2 mittelgroße Selleriestangen, klein gehackt

2 Teelöffel frischer Salbei, klein geschnitten

2 Teelöffel Knoblauch, klein geschnitten

½ Teelöffel Meersalz

½ Teelöffel frisch gemahlener schwarzer Pfeffer

2 bis 6 Spritzer Tabascosauce

350 g Hähnchenschenkel, enthäutet und ohne Knochen, in 5 cm lange Stücke geschnitten

1 Dose (400 g) gehackte Tomaten (natriumarm)

1 Dose Schwarzaugenbohnen, abgespült und abgetropft

120 ml natriumarme Hühnerbrühe

900 g Mangoldblätter

1. Erhitzen Sie in einem großen Topf bei mittlerer Hitze das Öl.

2. Geben Sie Paprika, Zwiebel und Sellerie in den Topf und dünsten Sie das Gemüse unter häufigem Umrühren 3 Minuten lang in dem Öl an, bis es weich ist.

3. Fügen Sie Salbei, Knoblauch, Salz, schwarzen Pfeffer und Tabascosauce hinzu und rühren Sie gründlich um.

4. Geben Sie das Hähnchenfleisch dazu und dünsten Sie es unter gelegentlichem Umrühren 2 Minuten lang in der Sauce, bis es in der Mitte nicht mehr rosa ist.

5. Rühren Sie die gehackten Tomaten, Schwarzaugenbohnen und Hühnerbrühe ein und bringen das Ganze bei hoher Temperatur zum Aufkochen.

6. Lassen Sie alles bei niedriger Temperatur 20 Minuten lang bedeckt köcheln.

7. Zum Schluss rühren Sie den gewaschenen, entstielten und klein geschnittenen Mangold ein, bedecken den Topf wieder und lassen das Ganze unter gelegentlichem Umrühren noch 10 Minuten weiterköcheln.

Grillhähnchen in Zitrusmarinade

2 PORTIONEN

MARINADE

1 Esslöffel geriebene Orangenschale

1 Esslöffel geriebene Limettenschale

120 ml Orangensaft (ohne Zuckerzusatz)

2 Esslöffel natives Olivenöl extra

1 Teelöffel Knoblauch, klein geschnitten

2 Hähnchenbrüste (zu je 170 g), enthäutet und ohne Knochen

¼ Teelöffel Meersalz

¼ Teelöffel frisch gemahlener schwarzer Pfeffer

2 Teelöffel natives Olivenöl extra

1. Für die Marinade geben Sie Orangen- und Limettenschale, Orangensaft, 2 Esslöffel Olivenöl und den Knoblauch in eine große Schüssel und rühren gründlich um, bis alle Zutaten sich gut miteinander vermischt haben.

2. Dann fügen Sie die Hähnchenbrüste hinzu und rühren nochmals um, damit sie sich mit der Marinade benetzen. Decken Sie die Schüssel zu und stellen Sie sie für 30 bis 45 Minuten in den Kühlschrank.

3. Nehmen Sie die Hähnchenbrüste aus der Marinade und bestreuen Sie sie mit Salz und Pfeffer. (Die Marinade wird zum Garnieren des Gerichts aufbewahrt.)

4. Erwärmen Sie die 2 Teelöffel Olivenöl bei mittlerer bis hoher Temperatur in einer Pfanne und braten Sie die Hähnchenbrüste auf jeder Seite 6 Minuten lang an, bis sie gar sind.

Gemüse-Gumbo

2 PORTIONEN

2 Esslöffel Erdnussöl

1 kleine Küchenzwiebel oder weiße Zwiebel, klein gehackt

1 mittelgroße grüne Paprika, entstielt, entkernt und klein gehackt

2 mittelgroße Selleriestangen, klein gehackt

1 Esslöffel kreolische Gewürzmischung

2 Dosen (je 400 g) gehackte Tomaten (natriumarm)

1 Dose (400 g) Kidneybohnen, abgespült und abgetropft

1 Packung (230 g) Tiefkühl-Okra oder 180 g frische Okraschoten, in Scheiben geschnitten

240 ml natriumarme Gemüsebrühe

100 g brauner Langkornreis (z. B. Basmati)

2 Teelöffel Gumbo-Filé-Pulver

1. Erhitzen Sie das Öl bei mittlerer Hitze in einem großen Topf oder Feuertopf.

2. Dünsten Sie Zwiebel, Paprika und Sellerie unter häufigem Umrühren 4 Minuten lang in dem Öl an, bis das Gemüse weich ist.

3. Rühren Sie die kreolische Gewürzmischung ein und dünsten Sie das Ganze etwa 10 Sekunden lang weiter, bis die Gewürze ihren Duft entfalten.

4. Rühren Sie Tomaten, Bohnen, Okra, Gemüsebrühe und Reis ein und bringen Sie die Mischung unter gelegentlichem Umrühren zum Köcheln.

5. Reduzieren Sie die Hitze und lassen Sie das Gericht 45 Minuten lang bei niedriger Temperatur bedeckt weiterköcheln, bis der Reis weich ist.

6. Kurz vor dem Servieren wird das Gumbo-Filé-Pulver eingerührt.

Knusprige Heilbuttfilets mit pikantem Krautsalat

4 PORTIONEN

1 Beutel (400 g) Krautsalatmischung

3 Esslöffel Limettensaft

2 Esslöffel roher Honig

½ Teelöffel Kreuzkümmelpulver

½ Teelöffel Meersalz

2 Spritzer Tabascosauce

4 Heilbuttfilets (zu je 140 g)

2 Teelöffel Blackened Seasoning-Gewürzmischung

1 Esslöffel Erdnussöl

1. Vermischen Sie Krautsalat, Limettensaft, Honig, Kreuzkümmel, Salz und Tabascosauce in einer großen Schüssel gründlich miteinander. Stellen Sie die Schüssel beiseite.

2. Würzen Sie die Heilbuttfilets mit der Blackened Seasoning-Gewürzmischung.

3. Erhitzen Sie in einer großen Pfanne bei mittlerer Temperatur das Öl, geben die Filets hinein und braten sie unter einmaligem Wenden 8 Minuten lang an, bis sie gar und an den Außenseiten dunkel sind.

4. Zum Servieren verteilen Sie den Krautsalat auf vier Teller und legen auf jede Salatportion ein Heilbuttfilet.

Spinatsalat mit Blaubeeren

2 PORTIONEN

180 g Babyspinat, gewaschen und getrocknet

250 g frische Blaubeeren

60 g zerbröselter Feta

40 g fein gehackte Mandeln

2 bis 3 Teelöffel Balsamico-Vinaigrette

1. Vermischen Sie Babyspinat, Blaubeeren, Feta und Mandeln in einer großen Schüssel miteinander.

2. Geben Sie die Balsamico-Vinaigrette dazu, schwenken Sie die Schüssel und servieren Sie den Salat.

Erbsensuppe

2 PORTIONEN

280 g frische oder gefrorene Erbsen

1 mittelgroße Avocado,
halbiert und entkernt

240 ml Quellwasser

240 ml ungesüßte Mandelmilch

2 Esslöffel Limettensaft

½ Teelöffel Chilipulver

Meersalz

Frisch gemahlener schwarzer
Pfeffer

1. Verarbeiten Sie Erbsen und Avocado zusammen mit dem Wasser, der Mandel-milch, dem Limettensaft und dem Chilipulver in der Küchenmaschine zu einem sehr glatten Püree.

2. Geben Sie das Püree in einen Kochtopf und erwärmen Sie es bei mittlerer Hitze.

3. Würzen Sie die Erbsensuppe mit Salz und Pfeffer.

Gurken-Tomaten-Salat

2 PORTIONEN

5 Tomaten (von jeglicher Sorte)

2 kleine grüne Gurken

1 Esslöffel Rotweinessig

2 Esslöffel natives Olivenöl extra

¼ rote Zwiebel, fein gehackt

¼ Teelöffel frisches Basilikum, klein geschnitten

Meersalz

Frisch gemahlener schwarzer Pfeffer

1. Schneiden Sie Tomaten und Gurken in mundgerechte Stücke und geben Sie sie in eine Schüssel.

2. In einer anderen Schüssel vermischen Sie Essig, Öl, Zwiebel und Basilikum miteinander.

3. Vor dem Servieren schmecken Sie das Dressing mit Salz und Pfeffer ab und geben es über den Salat.

Shrimp-Eintopf mit kreolischer Gewürzmischung

2 PORTIONEN

1 Esslöffel Kokosöl

5 mittelgroße Frühlingszwiebeln, in dünne Scheiben geschnitten

1 Teelöffel Knoblauch, klein geschnitten

450 g mittelgroße Shrimps (ungefähr 30 Stück), geschält und entdarmt

1 rote Paprika, entstielt, entkernt und in 1,5 cm breite Streifen geschnitten

220 g rohe grüne Bohnen, entstielt und in etwa 2,5 cm lange Stücke geschnitten

1 Esslöffel Jerk-Gewürzmischung

1 Teelöffel Apfelessig

120 ml fettarme Kokosmilch

60 ml natriumarme Gemüsebrühe

1. Zerlassen Sie in einem großen Kochtopf bei mittlerer Hitze das Kokosöl.

2. Dünsten Sie Frühlingszwiebeln und Knoblauch unter häufigem Umrühren 1 Minute lang in dem Öl an.

3. Fügen Sie die Shrimps hinzu und braten Sie sie unter gelegentlichem Umrühren 3 Minuten lang (oder so lange, bis sie sich rosa gefärbt haben).

4. Geben Sie Paprika, grüne Bohnen und Jerk-Gewürzmischung dazu und lassen Sie das Ganze noch etwa 1 Minute lang weiterköcheln, bis die Gewürze ihren Duft entfaltet haben.

5. Rühren Sie den Essig ein und gießen Sie dann Kokosmilch und Brühe dazu.

6. Bringen Sie den Eintopf unter gelegentlichem Umrühren zum Köcheln, reduzieren die Hitze und lassen ihn bei niedriger Temperatur noch etwa 5 Minuten lang bedeckt weiterköcheln, bis die verschiedenen Aromen sich gut miteinander vermischt haben.

Gebackener Lachs mit Pesto

4 PORTIONEN

1 Bund frisches Basilikum

3 Esslöffel klein gehackte Pekannüsse

3 Esslöffel Lake aus einem Glas geröstete rote Paprika

1 mittelgroße Knoblauchzehe, geschält

1 Teelöffel getrockneter Oregano

½ Teelöffel Meersalz

½ Teelöffel frisch gemahlener schwarzer Pfeffer

1 Esslöffel natives Olivenöl extra

4 Lachsfilets mit Haut (zu je 140 g)

1 geröstete rote Paprika (aus dem Glas), in dünne Streifen geschnitten

1. Heizen Sie den Backofen auf 230 °C vor.

2. Verarbeiten Sie Basilikum, Pekannüsse, Paprikalake, Knoblauch, Oregano, Salz und Pfeffer im Mixer oder in einer kleinen Küchenmaschine zu einer Paste.

3. Fetten Sie eine 23 × 33 cm große Backform mit dem Öl ein und legen Sie die Lachsfilets mit der Hautseite nach unten hinein.

4. Zum Schluss verteilen Sie die Basilikummischung gleichmäßig auf den Filets und legen die Paprikastreifen obendrauf.

5. Backen Sie den Lachs 15 Minuten lang im Backofen, bis er gar ist.

Mit Tamari glasierter Lachs

2 PORTIONEN

60 ml Tamari-Sojasauce (natriumarm)

2 Esslöffel roher Honig

1 Esslöffel Reisessig

1 Esslöffel Ingwerpulver

¼ Teelöffel Cayennepfeffer

⅛ Teelöffel frisch gemahlener schwarzer Pfeffer

2 große Lachsfilets

1. Heizen Sie den Backofen auf 220 °C vor.

2. Legen Sie eine Bratpfanne oder ein Backblech mit Alufolie aus.

3. Vermischen Sie Tamari, Honig, Essig, Ingwer, Cayennepfeffer und schwarzen Pfeffer in einer großen Schüssel.

4. Tauchen Sie die Lachsfilets von beiden Seiten in die Marinade. Decken Sie die Schüssel mit dem Lachs und der Marinade zu und stellen Sie sie für 2 bis 3 Stunden in den Kühlschrank.

5. Legen Sie die Filets mit der Hautseite nach unten in die Bratpfanne oder auf das Backblech und backen sie 15 bis 20 Minuten lang, bis der Fisch blättrig ist.

Jakobsmuscheln in Zitronensauce

4 PORTIONEN

4 Esslöffel frisch gepresster Zitronensaft

½ Bund frische Petersilie

2 Knoblauchzehen

1 Teelöffel Meersalz (und noch etwas Salz zum Bestreuen)

½ Teelöffel frisch gemahlener schwarzer Pfeffer (und noch etwas Pfeffer zum Bestreuen)

120 ml natives Olivenöl extra

Kochspray

1400 g Jakobsmuscheln

1. Für die Sauce vermischen Sie Zitronensaft, Petersilie, Knoblauch, Salz und Pfeffer in einer kleinen Schüssel miteinander. Rühren Sie das Öl ein und stellen die Schüssel beiseite.

2. Sprühen Sie eine Bratpfanne mit Kochspray ein und erhitzen Sie sie bei mittlerer Temperatur.

3. Spülen Sie die Muscheln unter fließendem Wasser ab, tupfen Sie sie trocken und bestreuen Sie sie mit Salz und Pfeffer.

4. Geben Sie die Muscheln in die Pfanne und garen Sie sie 2 bis 3 Minuten pro Seite.

5. Zum Servieren nehmen Sie die Jakobsmuscheln aus der Pfanne und gießen die Zitronensauce darüber.

Blattkohleintopf mit Schwarzaugenbohnen

2 PORTIONEN

960 ml natriumarme Gemüsebrühe

450 g Blattkohl, geputzt und klein geschnitten

1 Dose (400 g) gehackte Tomaten (natriumarm)

1 Dose (400 g) gegarte Schwarzaugenbohnen, abgespült und abgetropft

Frisch gemahlener schwarzer Pfeffer

Meersalz

1. Gießen Sie die Brühe zusammen mit 480 ml Wasser in einen großen Topf und bringen Sie die Flüssigkeit zum Kochen.

2. Geben Sie den Blattkohl hinein, reduzieren die Hitze und lassen den Kohl 15 Minuten lang bei niedriger Temperatur bedeckt köcheln.

3. Die Tomaten hinzufügen und das Ganze 3 bis 5 Minuten lang bedeckt weiterköcheln lassen, bis die Tomaten weich sind.

4. Zum Schluss rühren Sie die Schwarzaugenbohnen ein und lassen den Eintopf noch 2 bis 4 Minuten weiterköcheln, bis alle Zutaten sich gleichmäßig erwärmt haben.

5. Würzen Sie den Eintopf mit Salz und Pfeffer und servieren Sie ihn sofort.

Grüne Gemüsepfanne

2 PORTIONEN

500 g dunkelgrünes Blattgemüse
(z. B. Blattkohl, Grünkohl, Spinat,
Brauner Senf, Löwenzahn, Mangold)

2 Esslöffel natives Olivenöl extra

3 Knoblauchzehen, klein
geschnitten

½ kleine rote Zwiebel, klein
geschnitten

⅛ Teelöffel Ingwerpulver oder
ein 1,5 cm langes Stück frische
Ingwerwurzel, geschält und
gerieben

1 Esslöffel trockener Sherry

2 Teelöffel natriumarme Sojasauce

1 Prise Stevia

1. Schneiden Sie das Blattgemüse klein (anschließend waschen und abtropfen lassen).

2. Erhitzen Sie das Öl bei mittlerer bis hoher Temperatur in einer großen beschichteten Pfanne und geben Sie Blattgemüse, Knoblauch, Zwiebel, Ingwer, Sherry und Sojasauce hinein. (Beträufeln Sie das Gemüse mit etwas Wasser, damit es nicht anbrennt.)

3. Dünsten Sie das Gemüse unter ständigem Umrühren ein paar Minuten lang, bis die Stiele weich zu werden beginnen.

4. Schmecken Sie die Gemüsepfanne vor dem Servieren mit Stevia ab.

Backhähnchen mit Mandelkruste

2 PORTIONEN

160 g Mandeln

2 Teelöffel Oregano

10 g geriebener Parmesan

1 Teelöffel Meersalz

Frisch gemahlener schwarzer Pfeffer

1 Teelöffel Thymian

420 g Hähnchenbrustfilets

2 Eiweiß, leicht geschlagen

1. Heizen Sie den Backofen auf 175 °C vor und legen Sie ein Backblech mit Backpapier aus.

2. Für die Mandelkruste werden Mandeln, Oregano, Parmesan, Salz, Pfeffer und Thymian in einer Küchenmaschine fein gemahlen.

3. Legen Sie die Hähnchenbrustfilets auf einen Teller, geben das Eiweiß in eine und die Mandelmischung in eine andere flache Schüssel.

4. Wälzen Sie jedes Hähnchenbrustfilet zuerst vorsichtig in dem Eiweiß und dann in der Mandelmischung und legen Sie die panierten Filets auf das Backblech.

5. Backen Sie die Filets 25 bis 30 Minuten lang.

Gebackener Heilbutt

2 PORTIONEN

2 Heilbuttfilets (zu je 170 g), entgrätet

1 Teelöffel natives Olivenöl extra

2 kleine Knoblauchzehen, klein geschnitten

2 Teelöffel geriebene Zitronenschale

2 Esslöffel frisch gepresster Zitronensaft

1 Esslöffel klein geschnittene Petersilie

1 Prise Meersalz

Frisch gemahlener schwarzer Pfeffer

1. Heizen Sie den Backofen auf 200 °C vor.

2. Legen Sie die Heilbuttfilets mit der Hautseite nach unten auf ein großes beschichtetes Backblech und beträufeln Sie sie mit dem Öl.

3. Vermischen Sie Knoblauch, Zitronenschale, Zitronensaft und Petersilie in einer Schüssel gründlich miteinander.

4. Bestreichen Sie den Heilbutt mit der Knoblauchmischung und würzen Sie ihn mit Salz und Pfeffer.

5. Backen Sie die Filets 13 bis 15 Minuten lang, bis der Fisch blättrig ist.

5

Süße Belohnungen (Desserts)

Sich hin und wieder einen süßen Leckerbissen zu gönnen, ist erlaubt – vor allem, wenn Sie ansonsten regelmäßig grüne Smoothies trinken und sich von gesunden, naturbelassenen Lebensmitteln ernähren.

Haferflocken-Rosinenkekse

ERGIBT 15 KEKSE

2 reife Bananen, zerdrückt

100 g Instanthaferflocken, roh

25 g Rosinen

20 g Kokosraspel oder 25 g klein gehackte Nüsse oder 40 g ungesüßte Schokosplitter

1. Heizen Sie den Backofen auf 175 °C vor.

2. Geben Sie Bananen, Haferflocken, Rosinen und Kokosraspel (oder Nüsse oder Schokosplitter) in eine Schüssel und verrühren Sie sie mit einem Holzkochlöffel.

3. Geben Sie diesen Teig esslöffelweise auf ein Backblech und drücken Sie die Teigkleckse flach.

4. Backen Sie die Kekse 15 bis 20 Minuten lang, bis sie sich an den Rändern braun färben.

5. Nehmen Sie die Kekse vom Backblech und lassen Sie sie auf einem Kuchengitter abkühlen.

Mango-Banane-Nuss-Eiscreme

4 Bananen, in Scheiben geschnitten und eingefroren

1 reife Mango oder 2 große Pfirsiche

20 g gehobelte Mandeln zum Bestreuen

1. Geben Sie Bananen und Mango (oder Pfirsiche) in einen Mixer und pürieren Sie die Früchte glatt. Falls das Püree zu dünnflüssig sein sollte, fügen Sie mehr Bananen hinzu.

2. Verteilen Sie das Eis auf Servierschüsseln, bestreuen Sie es mit den Mandeln und servieren Sie es sofort.

Erdbeer-Mandel-Dessert

500 g Erdbeeren, in Scheiben
geschnitten

50 g klein gehackte Mandeln

Saft von ½ Zitrone

¼ Teelöffel reiner Vanilleextrakt

1 Esslöffel Honig

1 Prise Zimt

Geben Sie Erdbeeren, Mandeln, Zitronensaft, Vanilleextrakt, Honig und Zimt in eine große Schüssel und verrühren Sie alle Zutaten gründlich miteinander.

Kokosnuss-Brownies

40 g Kokosnussmehl

50 g ungesüßtes Kakaopulver

50 g Kokosöl

5 ganze Eier

150 g Ahornsirup

2 Teelöffel reiner Vanilleextrakt

130 g klein gehackte Walnüsse (wahlweise)

1. Heizen Sie den Backofen auf 175 °C vor und fetten Sie eine 20 × 20 cm große Backform ein.

2. Vermischen Sie Kokosnussmehl und Kakaopulver in einer Rührschüssel miteinander.

3. Rühren Sie Öl, Eier, Ahornsirup und Vanilleextrakt in diese Mischung ein und vermengen Sie alle Zutaten gründlich miteinander.

4. Fügen Sie wahlweise die Walnüsse hinzu.

5. Zum Schluss füllen Sie den Teig in die Backform und backen die Brownies ungefähr 30 Minuten lang.

6. Lassen Sie die Brownies vor dem Servieren in der Backform abkühlen, damit sie beim Herausnehmen nicht zerfallen.

Schokosplitterplätzchen

ERGIBT 15 PLÄTZCHEN

100 g gekochter Haferbrei

20 g halbgriffiges Vollweizenmehl

3 Esslöffel roher Honig

1 Teelöffel reiner Vanilleextrakt

1 Teelöffel Zimt

70 g ungesüßte Schokosplitter

70 g klein gehackte Pekannüsse

1. Heizen Sie den Backofen auf 160 °C vor und legen Sie ein Backblech mit Backpapier aus.

2. Vermischen Sie Haferbrei, Mehl, Honig, Vanilleextrakt und Zimt in der Küchenmaschine miteinander.

3. Kratzen Sie den Teig mit einem Spatel aus der Küchenmaschine, geben Sie ihn in eine Rührschüssel und rühren Sie Schokosplitter und Pekannüsse ein.

4. Den Teig esslöffelweise auf das Backblech geben und die Kekse 20 Minuten lang backen.

5. Zum Schluss nehmen Sie die Kekse vom Backblech und lassen sie auf einem Kuchenrost abkühlen.

Erdbeer-Bananen-Eiscreme

*4 große Bananen,
in Scheiben geschnitten
und eingefroren*

250 g gefrorene Erdbeeren

*120 ml Mandelmilch
(am besten ungesüßte Mandelmilch mit Vanillearoma)*

Geben Sie Bananen, Erdbeeren und Mandelmilch in einen Mixer und pürieren Sie die Zutaten unter häufigem Umrühren so lange, bis sie eine cremige Konsistenz angenommen haben (aber nicht *zu* lange, sonst schmilzt das Eis!).

6
Snacks und Getränke

Snacks sind für Ihren Abnehmerfolg sehr wichtig. Sie sollten unbedingt alle paar Stunden etwas essen, um Ihren Stoffwechsel in Gang zu halten und kein Hungergefühl aufkommen zu lassen. Schließlich sollen Sie nicht das Gefühl haben, Diät zu halten! Also nehmen Sie regelmäßig kleine Snacks zu sich.

Snacks

Hier ein paar hervorragende Snackideen:

- Äpfel
- rohes Gemüse (Sellerie, Mohrrüben, grüne Gurken und Brokkoli)
- rohe oder ungesalzene Nüsse und Kerne (nur eine Handvoll)
- hart gekochte Eier
- Popcorn (leicht gesalzen)
- Grünkohl-Chips
- Eiweißriegel (milchfrei)
- Hummus
- ungesüßte Erdnussbutter (mit weniger als 3 Gramm Zucker)

Getränke

Es gibt auch viele gesunde Getränke, die Sie während Ihres 30-Tage-Programms genießen können:

- Wasser (Quellwasser oder basisches Wasser)
- Detox-Wasser (siehe Seite 162)
- Entschlackungs-, Kräuter- oder Grüntee
- pflanzlicher Kaffee (z. B. Kräuterkaffee) oder 1 Tasse Bohnenkaffee

7

Häufig
gestellte
Fragen

Folgend ein paar der häufigsten Fragen zum 30-Tage-Programm.

Inwiefern unterscheidet sich dieses Programm von der 10-tägigen Grüne-Smoothies-Entschlackungskur?

➤ Die 10-tägige Grüne-Smoothies-Kur ist ein intensiveres Entschlackungsprogramm, bei dem man viel mehr Einschränkungen unterworfen ist und auch starke Entgiftungssymptome auftreten können. Im Rahmen des 30-Tage-Programms entschlacken Sie Ihren Körper ebenfalls, dürfen aber trotzdem jeden Tag warme Mahlzeiten essen, Kaffee und Grüntee trinken und sich sogar einmal pro Woche einen besonderen Leckerbissen (in Form eines Desserts) gönnen. Bei diesem Programm treten weniger und mildere Entgiftungssymptome auf, weil die Entschlackung langsamer – über einen Zeitraum von 30 Tagen – abläuft. Doch beide Programme führen dazu, dass Sie abnehmen, mehr Energie haben und klarer denken können; Ihre Verdauung wird sich verbessern und Ihr Körper wird weniger aufgeschwemmt sein.

Und was ist, wenn ich mir lieber gesunde Mahlzeiten nach eigenen Rezepten zubereiten möchte?

➤ Wenn Sie Mahlzeiten nach Rezepten zubereiten möchten, die nicht in diesem Buch enthalten sind, sollten es unbedingt gesunde, eiweißreiche Gerichte aus naturbelassenen Zutaten sein. Achten Sie bitte auch darauf, dass diese Gerichte keine der Zutaten enthalten, die während Ihres 30-Tage-Programms »verboten« sind! Wenn Sie sich an diese Spielregeln halten, können Sie die in diesem Buch empfohlenen gesunden Mahlzeiten gerne durch ein paar Ihrer eigenen Lieblingsgerichte ersetzen.

Kann ich das 30-Tage-Programm auch dann durchführen, wenn ich gerade erst die 10-tägige Grüne-Smoothies-Entschlackungskur absolviert habe?

➤ Natürlich! Das 30-Tage-Programm soll sogar im Anschluss an die 10-tägige Grüne-Smoothies-Entschlackungskur durchgeführt werden. Aber denken Sie bitte daran, nach Ihrer 10-tägigen Entschlackungskur erst einmal ein paar Kostaufbautage einzulegen. Das heißt, Sie sollten vollwertige Lebensmittel ganz allmählich über einen Zeitraum von drei Tagen wieder in Ihren Speisezettel aufnehmen. Salate sind ein sehr guter Start auf dem Weg zurück in eine »richtige« Ernährung. Bereiten Sie leckere Dressings zu, damit die Salate Ihnen gut schmecken! Außerdem sollten Sie weiterhin grüne Smoothies trinken und auf Ihren Körper hören, um herauszufinden, welche Lebensmittel und Gerichte Ihnen gut bekommen.

Und wie geht es nach diesen 30 Tagen weiter?

➤ Sobald Sie Ihr 30-Tage-Programm abgeschlossen haben, können Sie gerne unserer VIP-Gruppe (siehe Anhang) beitreten, die Ihnen hilft, auch langfristig bei der Stange zu bleiben und die Motivation für eine dauerhafte Gewichtsabnahme nicht zu verlieren. In unserer VIP-Gruppe erfahren Sie mehr über mein EHGDB-System und andere Grundsätze, die für eine Gewichtsabnahme wichtig sind: zum Beispiel, was man für einen gesunden, ausgewogenen Hormonhaushalt tun kann und um welche innere Einstellung man sich bemühen sollte, um nicht wieder zuzunehmen.

Wie viele Snacks pro Tag darf ich mir erlauben?

➤ Sie sollten Ihr 30-Tage-Programm nicht als Diät, sondern als Entgiftungs- und Entschlackungskur betrachten. Kalorien und Portionsgrößen spielen dabei also keine so wichtige Rolle. Es gibt keine allgemeingültigen Regeln für die Anzahl der Snacks. Gönnen Sie sich ruhig ab und zu einen kleinen Imbiss, wenn Sie Hunger haben – aber in Maßen! Kalorien zu zählen und Portionsgrößen zu berechnen, trägt nicht zu einer Änderung Ihrer Lebensweise bei. Wenn Sie das tun, werden Sie Ihr Leben lang eine Diät nach der anderen machen. Und ich weiß ja nicht, wie es *Ihnen* geht – aber ich habe endgültig genug von Diäten! 95 Prozent aller Menschen, die mit einer Modediät abnehmen, futtern sich die verlorenen Pfunde innerhalb der nächsten drei bis fünf Jahre wieder an. Also ist es doch besser, Ihr Essverhalten dauerhaft zu verändern und Ihre Geschmacksknospen so umzutrainieren, dass Sie Appetit auf gesündere Lebensmittel bekommen! Trotzdem sollten Sie mit dem Verzehr von Nüssen und Kernen vorsichtig sein. Denn diese enthalten zwar gesunde Fette, aber wenn Sie zu viel davon essen, kann sich das negativ auf Ihr Gewicht auswirken. Deshalb sollten Sie sich als Snack immer nur eine Handvoll Nüsse oder Kerne gönnen – auf gar keinen Fall mehr!

Soll ich meine Medikamente oder Nahrungsergänzungsmittel auch während des 30-Tage-Programms einnehmen?

➤ Bevor Sie mit diesem Programm beginnen, sollten Sie mit Ihrem Arzt sprechen. Ich bin keine Ärztin. Man sollte niemals ein vom Arzt verschriebenes Medikament eigenmächtig absetzen. Ob Sie Ihre Vitaminpräparate während des Entschlackungsprogramms einnehmen oder nicht, bleibt Ihnen überlassen.

Und was ist, wenn ich gegen eine der Früchte in den Rezepten allergisch bin?

➤ Wenn Sie auf eine der Früchte in den Rezepten allergisch reagieren, lassen Sie diese einfach weg und verwenden dafür entsprechend mehr von dem anderen Obst.

Wie lange bleiben grüne Smoothies frisch?

➤ Am besten ist es, Ihre Smoothies gleich am Tag der Zubereitung zu trinken, weil sie dann den höchsten Nährstoffgehalt aufweisen. Doch wenn Sie viel zu tun haben oder Ihre Smoothies aus irgendeinem anderen Grund nicht frisch zubereiten können – kein Problem: Sie halten sich problemlos bis zu zwei Tage lang im Kühlschrank. Bewahren Sie sie am besten in einem verschließbaren Glas auf. Ein dicht schließender Deckel verhindert, dass Ihr Smoothie oxidiert und andere Gerüche aus dem Kühlschrank aufnimmt. Gerne können Sie Ihre Smoothies auch schon am Vorabend zubereiten, falls das besser in Ihren Zeitplan passt.

Kann ich anstelle von Stevia auch Agavendicksaft oder Honig als Süßungsmittel für meine Smoothies verwenden?

➤ In Maßen verwendet, ist gegen Agavendicksaft nicht einzuwenden; doch wenn Sie wirklich abnehmen möchten, sollten Sie Ihre Smoothies lieber mit Stevia süßen. Bei Süßungsmitteln kommt es darauf an, wie starke Blutzuckerspitzen sie verursachen, denn je höher der Blutzuckeranstieg, umso mehr Fett wird im Körper gespeichert. In Abhängigkeit von dem Blutzuckeranstieg, den Lebensmittel verursachen, ordnet man ihnen verschiedene glykämische Indexwerte (GI-Werte) zu. Stevia hat einen GI-Wert von 0 (das ist der beste Wert, den es gibt). Agavendicksaft hat den Wert 20, Honig ungefähr 30. Braunzucker/Rohzucker hat einen GI-Wert von 65, der Wert von Haushaltszucker liegt bei 80. Diese Angaben vermitteln Ihnen zumindest einen ungefähren Eindruck vom glykämischen Index verschiedener Süßungsmittel. Ich habe vier Freundinnen, die alle verschiedene Stevia-Marken verwenden, und jede schwört auf ihr eigenes Stevia, weil jede Marke anders schmeckt. Wenn Sie also das Gefühl haben sollten, Stevia nicht zu mögen, versuchen Sie es einfach einmal mit einer anderen Marke!

8

Einkaufs-listen

Grüne-Smoothie-Rezepte

TAG 1-10

- ☐ 4 Bananen
- ☐ 3 Äpfel
- ☐ 120 g kernlose Weintrauben (frisch oder Tiefkühlkost)
- ☐ 1150 g gefrorene Pfirsichscheiben
- ☐ 1840 g gefrorene Blaubeeren
- ☐ 690 g gefrorene Erdbeeren
- ☐ 920 g gefrorene gemischte Beeren
- ☐ 2390 g gefrorene Ananasstücke
- ☐ 1550 g frische Spinatblätter
- ☐ 170 g frischer junger Grünkohl
- ☐ Stevia-Süßungsmittel (Päckchen)

- ☐ Päckchen gemahlene Leinsamen (sind oft im Regal mit den Vitaminpräparaten zu finden)
- ☐ Snacks (z. B. Äpfel, Mohrrüben, Sellerie, Brokkoli, grüne Gurken usw.)
- ☐ Rohe oder ungesalzene Nüsse und Kerne als Snack
- ☐ Getränke: Entschlackungstee (alle Geschmacksrichtungen), Kräutertee, Grüntee, koffeinfreier pflanzlicher Kaffee, Quellwasser (gerne auch mit Zitrone versetzt)
- ☐ Wahlweise: Milchfreies/ pflanzliches Eiweißpulver, z. B. Nutiva-Hanfprotein, RAW Protein von Garden of Life oder Sun Warrior-Protein

Grüne-Smoothie-Rezepte

TAG 11–20

- ☐ 7 Bananen
- ☐ 6 Äpfel
- ☐ 1 Orange
- ☐ 120 g kernlose Weintrauben (frisch oder Tiefkühlkost)
- ☐ 1380 g gefrorene Pfirsichscheiben
- ☐ 810 g gefrorene Blaubeeren
- ☐ 810 g gefrorene Erdbeeren
- ☐ 460 g gefrorene gemischte Beeren
- ☐ 1370 g gefrorene Ananasstücke
- ☐ 810 g gefrorene Mangostücke
- ☐ 1550 g frische Spinatblätter
- ☐ 300 g gemischte Frühlingssalatblätter
- ☐ Stevia-Süßungsmittel (Päckchen)

- ☐ Päckchen gemahlene Leinsamen (sind oft im Regal mit den Vitaminpräparaten zu finden)
- ☐ Snacks (z. B. Äpfel, Mohrrüben, Sellerie, Brokkoli, grüne Gurken usw.)
- ☐ Rohe oder ungesalzene Nüsse und Kerne als Snack
- ☐ Getränke: Entschlackungstee (alle Geschmacksrichtungen), Kräutertee, Grüntee, koffeinfreier pflanzlicher Kaffee, Quellwasser (gerne auch mit Zitrone versetzt)
- ☐ Wahlweise: Milchfreies/ pflanzliches Eiweißpulver, z. B. Nutiva-Hanfprotein, RAW Protein von Garden of Life oder Sun Warrior-Protein

Grüne-Smoothie-Rezepte

TAG 21-30

- ☐ 3 Bananen
- ☐ 3 Äpfel
- ☐ 120 g kernlose Weintrauben (frisch oder Tiefkühlkost)
- ☐ 1620 g gefrorene Pfirsichscheiben
- ☐ 1270 g gefrorene Blaubeeren
- ☐ 690 g gefrorene Erdbeeren
- ☐ 810 g gefrorene gemischte Beeren
- ☐ 2260 g gefrorene Ananasstücke
- ☐ 350 g gefrorene Mangostücke
- ☐ 1550 g frische Spinatblätter
- ☐ 300 g frischer junger Grünkohl
- ☐ Stevia-Süßungsmittel (Päckchen)

- ☐ Päckchen gemahlene Leinsamen (sind oft im Regal mit den Vitaminpräparaten zu finden)
- ☐ Snacks (z. B. Äpfel, Mohrrüben, Sellerie, Brokkoli, grüne Gurken usw.)
- ☐ Rohe oder ungesalzene Nüsse und Kerne als Snack
- ☐ Getränke: Entschlackungstee (alle Geschmacksrichtungen), Kräutertee, Grüntee, koffeinfreier pflanzlicher Kaffee, Quellwasser (gerne auch mit Zitrone versetzt)
- ☐ Wahlweise: Milchfreies/ pflanzliches Eiweißpulver, z. B. Nutiva-Hanfprotein, RAW Protein von Garden of Life oder Sun Warrior-Protein

Gesunde Rezepte fürs Abendessen

TAG 1–10

- ☐ 340 g Lachsfilets
- ☐ 1000 g Hähnchen, enthäutet
- ☐ 450 g Hähnchenbrust, enthäutet und ohne Knochen
- ☐ 450 g Jakobsmuscheln
- ☐ 1 kleiner Blumenkohl
- ☐ 2 mittelgroße Paprika, rot und gelb
- ☐ 2 Römersalatherzen
- ☐ 300 g Babyspinat
- ☐ 100 g Brokkoliröschen
- ☐ 100 g Babykarotten
- ☐ 400 g junge Grünkohlblätter
- ☐ 150 g Erdbeeren, entstielt und in Scheiben geschnitten
- ☐ 1 Zitrone
- ☐ 1 rote Zwiebel
- ☐ 1 Glas geröstete rote Paprika
- ☐ schwarze Bohnen (320 g)

- ☐ Parmesan
- ☐ Kürbiskerne (40 g)
- ☐ natives Olivenöl extra (kleine Flasche)
- ☐ Kokosöl (kleine Flasche)
- ☐ frischer Dill
- ☐ Meersalz
- ☐ frisch gemahlener schwarzer Pfeffer
- ☐ Knoblauchsalz
- ☐ Zitronenpfeffer
- ☐ Cajun-Gewürzmischug
- ☐ Rotweinessig (kleine Flasche)
- ☐ Balsamico-Essig (kleine Flasche)
- ☐ Dijonsenf (kleines Glas)
- ☐ Agavendicksaft (kleine Flasche)
- ☐ Caesar-Salad-Dressing (natriumarm)

Gesunde Rezepte fürs Abendessen

TAG 11–20

- 350 g gegrillte Hähnchenbrust, enthäutet und ohne Knochen
- 450 g frische vorgegarte Shrimps
- 450 g Scampi
- ca. 500 g Putenschnitzel
- 1400 g Blattkohl
- 450 g Babyspinat
- Schwarzaugenbohnen (600 g)
- Tomatenmark ohne Zuckerzusatz (1 kleine Dose)
- Parmesan
- klein gehackte Walnüsse (75 g)
- gemahlene Pekannüsse (30 g)
- natives Olivenöl extra (kleine Flasche)
- trockener Weißwein
- Rotweinessig (kleine Flasche)
- Apfelessig (kleine Flasche)

- 1 Knoblauchknolle
- 2 rote Zwiebeln
- 3 kleine oder 2 große Zucchini
- 1 Apfel
- 1 Zitrone
- Zitronensaft (kleine Flasche)
- Dijonsenf (kleines Glas)
- Meersalz
- frisch gemahlener schwarzer Pfeffer
- zerdrückte rote Chiliflocken
- Knoblauchpulver
- getrocknetes Basilikum
- frische Petersilie
- Muskat
- Kokosölspray
- Backpapier

Gesunde Rezepte fürs Abendessen

TAG 21-30

- ☐ 450 g große vorgegarte Shrimps
- ☐ ca. 450 g Forellenfilets
- ☐ ca. 360 g Flunderfilets
- ☐ 700 g Babyspinat
- ☐ 450 g frische grüne Bohnen
- ☐ 4 Pflaumentomaten
- ☐ 3 kleine rote Zwiebeln
- ☐ 2 Knoblauchknollen
- ☐ 2 große Schalotten
- ☐ 1 rote Paprika
- ☐ 380 g frische Ananas, in 2,5-cm-Würfel geschnitten
- ☐ 180 g Kichererbsen aus der Dose
- ☐ 50 g klein gehackte Walnüsse
- ☐ 1 Apfel
- ☐ 1 Zitrone
- ☐ Zitronensaft (kleine Flasche)
- ☐ Limettensaft (kleine Flasche)

- ☐ roher Honig (kleine Flasche)
- ☐ natriumarme Hühnerbrühe (560 ml)
- ☐ Apfelessig (kleine Flasche)
- ☐ Traubenkernöl (kleine Flasche)
- ☐ natives Olivenöl extra (kleine Flasche)
- ☐ 100 g zerbröselter Feta
- ☐ 190 g Vollkornweizencouscous
- ☐ getrockneter Rosmarin
- ☐ frischer Schnittlauch
- ☐ frischer Ingwer
- ☐ frischer Thymian
- ☐ Knoblauchsalz
- ☐ Meersalz
- ☐ frisch gemahlener schwarzer Pfeffer
- ☐ Kreuzkümmelpulver
- ☐ Alufolie

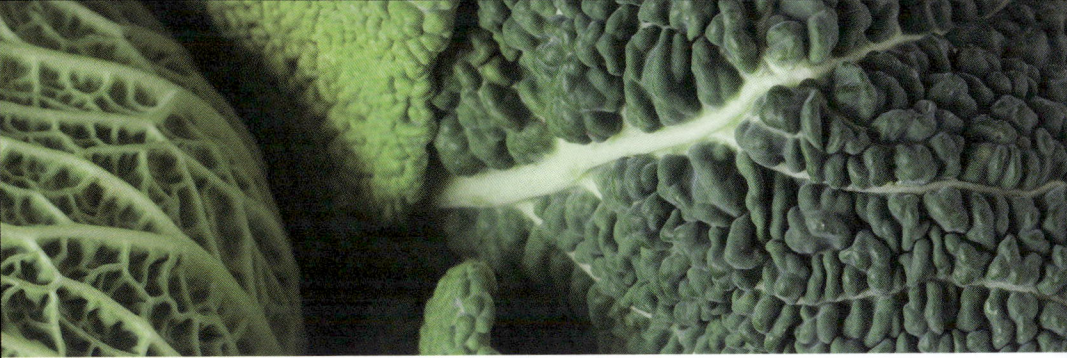

TEIL 2

ENTGIFTUNGS-METHODEN ZUM ABNEHMEN – UND FÜR EINEN OPTIMALEN GESUNDHEITSZUSTAND

Nachdem Ihr Körper dem Essen Nährstoffe entzogen hat, muss er die ungenutzten Nahrungspartikel und die beim Verdauungsprozess entstandenen Abfallprodukte entsorgen. Denn wenn unverdaute Nahrung nicht vollständig ausgeschieden wird, können sich mit der Zeit Giftstoffe und Stoffwechselschlacken im Körper ansammeln. Bei einer Entschlackungskur reinigt man seinen Organismus von solchen Stoffen und entgiftet ihn auf diese Weise. Denn im Lauf der Zeit haben sich in Ihren Zellen, Geweben und Organen viele Toxine (Giftstoffe) abgelagert, die herausgelöst werden müssen, damit der Körper sie ausscheiden kann.

Viele verschiedene Faktoren tragen zu einer Gewichtszunahme bei. In Teil 3 dieses Buches, in dem ich Ihnen das EHGDB-System (Entschlackung – Hormonelles Gleichgewicht – Gesunde Ernährung – Disziplin – Bewegung) vorstelle, werde ich darauf noch näher eingehen. Der bei den herkömmlichen Diäten am häufigsten übersehene Faktor ist die Belastung unseres Körpers mit Giftstoffen: Vielen Menschen fällt es schwer abzunehmen, weil sich in ihrem Organismus so viele Toxine abgelagert haben.

Mit je mehr Giftstoffen man (entweder durch Verzehr oder auf andere Weise) in Berührung kommt, umso mehr dieser Toxine lagern sich in Form von Fettzellen im Körper ab. Und in Fettzellen gespeicherte Giftstoffe kann man nicht einfach loswerden, indem man Diät hält und Sport treibt: Man muss seinen Körper erst einmal entgiften, um diese Fettzellen abzubauen. Deshalb sollte Entgiftung ein wichtiger Bestandteil jedes Programms zur Gewichtsreduzierung sein – nur so kann man dauerhaft abnehmen.

Oft sind herkömmliche Diäten schon allein deshalb wirkungslos, weil sie das Problem dieser Gift- und Abfallstoffe in unserem Körper nicht angehen. Denn durch Kalorienzählen lässt sich der Körper nicht entgiften und entschlacken. Wenn Ihr Stoffwechsel zu träge ist oder Ihre Körpersysteme durch saure Gift- und Abfallstoffe in ihrer Funktion beeinträchtigt werden, ist eine dauerhafte Gewichtsabnahme unmöglich.

Folgende Symptome sind ein Zeichen dafür, dass sich in Ihrem Körper übermäßig viele Giftstoffe angesammelt haben: Blähungen, aufgeblähter Bauch, Verstopfung, Abgeschlagenheit, Energielosigkeit und »Brain Fog« (das Gefühl, nicht mehr klar denken zu können), depressive Verstimmungen, Gewichtszunahme, chronische Schmerzen, Infektionen, Allergien, Kopfschmerzen und Darm- bzw. Verdauungsbeschwerden.

IHREN KÖRPER ZU ENTGIFTEN, BRINGT IHNEN VIELE VORTEILE:

- Sie nehmen schneller und müheloser ab.

- Sie haben mehr Energie und Ihr Gesundheitszustand verbessert sich.

- Ihre Verdauung funktioniert wieder besser; Sie leiden seltener unter Blähungen, einem aufgeblähten Bauch und Verstopfung.

- Es treten weniger Allergien und allergische Reaktionen auf Nahrungsmittel auf.

- Sie leiden seltener unter Schleimansammlungen in Nase und Rachen; Husten und »laufende Nase« verschwinden.

- Sie fühlen sich vitaler, sind zufriedener mit Ihrem Leben und haben das Bedürfnis, sich dauerhaft gesünder zu ernähren.

Man kann seinen Körper mit verschiedenen Methoden entgiften, die ich in diesem Teil ausführlich vorstellen werde. Ich empfehle Ihnen, für jede Woche zwei bis drei verschiedene Entgiftungsmethoden auszuwählen und in Ihr allgemeines Gesundheits- und Wellnessprogramm aufzunehmen.

Vielleicht wird Ihnen bei diesem Entschlackungsprozess schon nach ein paar Tagen eine Verbesserung Ihres Gesundheitszustands auffallen und Sie werden feststellen, dass Sie plötzlich mehr Energie haben als vorher. Bei anderen Menschen wiederum kann es Monate dauern, bis sie eine positive Wirkung ihrer Entgiftungskur spüren. Denn die Überlastung des Körpers mit Giftstoffen äußert sich bei jedem Menschen anders. Dabei spielen viele verschiedene Faktoren eine Rolle: zum Beispiel Ihr allgemeiner Gesundheitszustand, Ihr Gewicht, Ihr Stoffwechsel, Ihr Alter und Ihre Gene. Also haben Sie Geduld und ziehen Sie Ihr Entschlackungsprogramm konsequent durch, auch wenn Sie nicht sofort Erfolge sehen!

Ich habe alle diese Entgiftungsverfahren selbst schon mehrfach durchgeführt; meine Lieblingsmethoden stehen bei mir sogar jede Woche auf dem Programm. Dies sind die 21 Methoden zur Entgiftung und Entschlackung des Körpers, die ich für besonders wirksam halte und daher sehr gerne praktiziere:

1. Akupunktur
2. Basisches Wasser
3. Ayurveda-Massagen
4. Bikram-Yoga
5. Bürstenmassagen
6. Candida-Entgiftung
7. Rizinusölpackungen
8. Chi-Maschine
9. Kaffee-Einläufe
10. Darmreinigung
11. Colon-Hydro-Therapie
12. Entgiftende Fußpflaster und Fußbäder
13. Detox-Wasser (Apfelessigkur)
14. Epsomsalzbäder
15. Lebensmittel mit entgiftender Wirkung
16. Grüne Smoothies
17. Schwermetallentgiftung
18. Leberreinigung
19. Parasitenkur
20. Körperliche Aktivität
21. Sauna

9

Entgiftungs-
methoden
1–10

1. Akupunktur

Akupunktur ist ein wichtiges Behandlungsverfahren der Traditionellen Chinesischen Medizin (TCM). Ihr Ziel besteht darin, das Chi ins Gleichgewicht zu bringen – jene Lebensenergie, die allen Funktionen unseres Körpers zugrunde liegt. Mithilfe von Nadeln stimulieren Akupunkteure bestimmte Punkte am Körper, um Schmerzen zu lindern oder Erkrankungen zu behandeln. Wenn man die Nadeln in der richtigen Kombination in diese Akupunkturpunkte einsticht, kann man dadurch den Energiefluss ausbalancieren und einen Heilungsprozess anregen.

Die Akupunktur gibt unserem Körper die Werkzeuge in die Hand, die er braucht, um sich aus eigener Kraft zu regenerieren und zu heilen. Man kann so beispielsweise seinen Körper entgiften und chronische Schmerzen lindern. Sofern die Entgiftungsorgane nicht blockiert sind, kann Akupunktur die Lebertätigkeit anregen, sodass mehr Giftstoffe aus dem Körper ausgeschieden werden können.

Außerdem hat Akupunktur eine natürliche diuretische Wirkung; sie unterstützt Ihren Körper also auch bei der Entgiftung, indem sie die Ausscheidung von Toxinen über die Harnwege anregt. Ferner wirkt sie appetithemmend, lindert Heißhungerattacken und hilft bei der Überwindung der Sucht nach bestimmten Lebensmitteln.

Schwierigkeitsgrad:	Sehr einfach und entspannend (der Einstich der Nadeln ist schmerzlos)
Kosten:	Variieren zwischen 30 und 70 Euro pro Sitzung
Zeitaufwand:	30 bis 40 Minuten
Wirkung:	Hemmt den Appetit, lindert Heißhunger- und Fressattacken, baut Wasseransammlungen im Körper ab

2. Basisches Wasser

Ein ausgewogener Säure-Basen-Haushalt ist für Ihren Gesundheitszustand sehr wichtig. Das Ziel besteht darin, einen gesunden basischen pH-Wert im Körper zu erreichen; viele Experten sind der Ansicht, dass in einem solchen Zustand keine Krankheiten auftreten können. Ist der Körper hingegen übersäuert, so befindet er sich in einem ungesunden Zustand. Diese Übersäuerung stellt ein Risiko für alle möglichen (teilweise auch chronischen) Erkrankungen dar; außerdem nimmt man in übersäuertem Zustand auch leichter zu.

Eine Entgiftung macht den Körper basischer. Ein mit Giftstoffen überlasteter Organismus neigt eher zur Übersäuerung. Durch das Trinken von basischem Wasser können Sie dazu beitragen, Ihren Körper in einem basischen Zustand zu halten. Basisches Wasser (Ionenwasser oder wasserstoffreiches Wasser) entgiftet den Körper und verleiht Ihrer Haut ein glatteres, elastischeres, jugendlicheres Aussehen. Außerdem trägt es zur Flüssigkeitsversorgung bei und schenkt Ihnen mehr Energie.

Basisches Wasser hat einen höheren pH-Wert (8 oder 9) als normales Trinkwasser (6 oder 7). Der pH-Wert zeigt anhand einer Skala von 0 bis 14 an, wie sauer oder basisch eine Substanz ist. Ein Getränk oder Lebensmittel mit einem pH-Wert von 1 wäre beispielsweise sehr sauer, eine Substanz mit einem pH-Wert von 13 oder 14 hingegen sehr basisch. Der geringere Säuregrad von basischem Wasser kann dazu beitragen, die Säure in Ihrem Körper zu neutralisieren.

Eine ganz einfache Methode, Ihr Wasser basischer zu machen, besteht darin, einen Spritzer Zitronen- oder Limettensaft in ein Glas destilliertes Wasser zu geben. (Es ist wichtig, destilliertes Wasser zu verwenden, denn Leitungswasser oder Wasser aus der Flasche kann künstliche Zusatzstoffe enthalten.) Stattdessen können Sie auch pH-Tropfen kaufen und in Ihr Wasser geben.

Basisches Wasser ist in Naturkostläden erhältlich. Sie können sich aber auch eine Trinkflasche mit Wasserfilter für basisches Wasser anschaffen, die normales Trinkwasser basischer macht. Ein etwas kostspieligeres Verfahren besteht darin, in Ihrer Küche ein Gerät installieren zu lassen, welches das Trinkwasser direkt aus dem Hahn in basisches Wasser umwandelt. Für ein solches Gerät muss man allerdings mindestens 1000 Euro hinlegen.

Basisches Wasser sollte nicht zum Essen und auch nicht innerhalb von 30 Minuten vor oder nach einer Mahlzeit getrunken werden. Außerdem müssen Sie Ihren Konsum an basischem Wasser allmählich steigern, weil Ihr Körper nicht so viel auf einmal davon verkraften kann: Fangen Sie am besten mit etwa 240 Millilitern pro Tag an. Denn wenn man zu schnell zu viel basisches Wasser zu sich nimmt, muss man mit starken Entgiftungssymptomen wie Kopfschmerzen oder Hautausschlag rechnen.

- -

Schwierigkeitsgrad:	Einfach – Sie brauchen das Wasser nur zu trinken!
Kosten:	Variieren zwischen rund 20 Euro für pH-Tropfen und über 1000 Euro für ein Gerät, das Leitungswasser in basisches Wasser umwandelt
Zeitaufwand:	Keiner
Wirkung:	Entgiftung, bessere Wasserversorgung, mehr Energie

3. Ayurveda-Massagen

Bei solchen Massagen wird der Körper durch Berührungen auf physischer, mentaler und emotionaler Ebene geheilt. Ziel einer Ayurveda-Massage ist es, den Geweben Giftstoffe zu entziehen und in den Verdauungstrakt abzuleiten, damit sie ausgeschieden werden können. Dabei wird der Lymphfluss durch bestimmte Massagegriffe und ayurvedische Kräuteröle angeregt; dies trägt dazu bei, Toxine, die sich im Körper abgelagert haben, über verschiedene Kanäle auszuleiten. Das auf Ihren Dosha-Typ abgestimmte erwärmte Öl, die gleichmäßigen Massagestriche und -techniken, Ganzkörper-Dampfbäder und die darauffolgende Waschung mit Körperpeeling sind ein sehr intensives, anregendes Erlebnis.

Die Reinigungs- und Entgiftungskur Panchakarma (was auf Deutsch »fünf Behandlungen« bedeutet) gehört zu den wichtigsten ayurvedischen Therapien. Dabei handelt es sich um eine umfassende innere Reinigung, bei der im Körper abgelagerte Giftstoffe freigesetzt und die Selbstheilungskräfte des Körpers angeregt werden. Außerdem entgiftet diese Kur die Leber und unterstützt den Körper in seiner Fähigkeit, Fett abzubauen. Deshalb ist diese Therapie so wirkungsvoll für Menschen, die ihren Körper entschlacken und gleichzeitig abnehmen möchten.

Es gibt auch noch andere ayurvedische Behandlungsmethoden, die sich speziell zur Bekämpfung von Cellulite eignen.

Schwierigkeitsgrad: Einfach und entspannend

Kosten: Eine ayurvedische Massage gibt es ab circa 60 Euro; umfassendere Therapiesitzungen sind entsprechend teurer. Für eine Panchakarma-Kur (die mindestens zwei Wochen dauern sollte) muss man mehrere Tausend Euro investieren.

Zeitaufwand: 1 bis 2 Stunden pro Therapiesitzung

Wirkung: Stressabbau, besserer Schlaf, weniger Cellulite, mehr Ausgeglichenheit

4. Bikram-Yoga

Bikram-Yoga ist eine der lohnendsten, aber auch schwierigsten Entgiftungsmethoden. Diese mittlerweile patentierte Yoga-Form wurde in den 1970er Jahren von Bikram Choudhury in Kalifornien eingeführt. Dabei muss man 26 Yoga-Positionen über einen Zeitraum von 90 Minuten in einer bestimmten Abfolge wiederholen. Ich hatte gelesen, dass Bikram-Yoga eine der wirksamsten Methoden ist, seinen Körper von Gift- und Abfallstoffen zu befreien. Nachdem ich diese Yogaform praktiziert habe, kann ich dieser Aussage nur zustimmen! Während eines Bikram-Yogakurses scheidet der Körper Toxine und Schlackenstoffe über die Haut in Form von Schweiß aus – denn die Haut ist eines unserer wichtigsten Entgiftungsorgane.

Doch auch sonst ist Yoga ein sehr gutes Fitnessprogramm, denn dabei wird jeder Muskel trainiert; das kräftigt die Muskulatur und macht sie elastischer. Die 26 Bikram-Positionen werden bei einer Raumtemperatur von 40 °Celsius und einer Luftfeuchtigkeit von 40 Prozent durchgeführt. So kann der Organismus Giftstoffe aus verschiedenen im Körper gespeicherten Fetten in einfachere, wasserlösliche chemische Verbindungen umwandeln, die sich leicht ausscheiden lassen. Berichten zufolge verbrennt man während einer 90-minütigen Bikram-Yogasitzung 750 bis 900 Kalorien! Außerdem erlernen Sie dabei Meditationstechniken, die Ihnen helfen können, Ihren Geist zu entspannen und Stress abzubauen. Bikram-Yoga ist eine sehr wirksame Methode, um Körper, Geist und Seele ins Gleichgewicht zu bringen.

Tipps für eine erfolgreiche Bikram-Yogasitzung:

- Führen Sie Ihrem Körper vorher reichlich Flüssigkeit zu! Dann brauchen Sie während der Sitzung nicht mehr so viel zu trinken. Versuchen Sie während des Tages vor einer Bikram-Sitzung bis zu 2 Liter Wasser zu trinken.

- Tragen Sie leichte, atmungsaktive Kleidung – am besten Shorts und ein ärmelloses T-Shirt –, denn Sie werden stark schwitzen. Dicke Sweatshirts oder Trainingsanzüge sind nicht zu empfehlen.

- Mindestens 1 bis 2 Stunden vor der Yogasitzung sollten Sie nichts mehr essen, denn ein voller Magen stört beim Anspannen und Dehnen der Muskulatur während der Yogapositionen.

- Am besten ist es, schon eine halbe Stunde vor Beginn der Sitzung da zu sein. Nehmen Sie sich genügend Zeit, um sich anzumelden, umzuziehen, zu akklimatisieren und an die Hitze zu gewöhnen.

- Hören Sie auf die Signale Ihres Körpers! Wenn Sie zum ersten Mal Bikram-Yoga praktizieren, werden Sie dabei Muskeln einsetzen, die bei herkömmlichen Trainingsprogrammen nicht beansprucht werden, also brauchen Sie vielleicht mehr Pausen als andere Teilnehmer, die schon seit Jahren an diese Yoga-Form gewöhnt sind. Haben Sie Geduld mit sich und Ihrem Körper und gönnen Sie sich ruhig eine kleine Verschnaufpause auf der Matte, wenn Sie sie brauchen! Beim ersten Mal ist es schon eine Leistung, wenn Sie es schaffen, die ganzen anderthalb Stunden lang im Yogaraum zu bleiben.

Schwierigkeitsgrad: Sehr schwierig – aber es lohnt sich

Kosten: Schnupperangebote für Yogaklassen an mehreren aufeinanderfolgenden Tagen gibt es schon ab circa 20 Euro.

Zeitaufwand: 90 Minuten pro Sitzung

Wirkung: Strahlende Haut, bessere Beweglichkeit, Gewichtsabnahme, Entgiftung, Stärkung des Immunsystems, Muskelentspannung

5. Bürstenmassagen

Bürsten- oder Trockenmassagen werden mit einer Bürste mit Naturwildschweinborsten durchgeführt, die es in Naturkost- oder Bioläden oder in Online-Shops zu kaufen gibt. Regelmäßige Trockenmassagen entlasten die Leber, weil sie bei der Ausscheidung von Abfallstoffen helfen. Außerdem regen sie das Lymphsystem an – ein Sekundärkreislaufsystem unter der Haut, das giftige Stoffwechselschlacken, Bakterien und abgestorbene Zellen aus dem Körper abtransportiert. Mit Bürstenmassagen kann man dieses Transportsystem unterstützen. Reiben Sie Ihren Körper einfach von Kopf bis Fuß mit einer trockenen Bürste ab und konzentrieren Sie sich dabei vor allem auf Bereiche, in denen Lymphknoten liegen, wie beispielsweise die Kniekehlen! Dadurch kann Ihr gesamtes Lymphsystem effizienter arbeiten.

Sanfte und doch kräftige Bürstenstriche auf der Haut regen die Durchblutung an und reinigen verstopfte Poren, sodass Ihr Körper Giftstoffe schneller über die Haut ausscheiden kann. Durch die Bürstenmassage lösen sich abgestorbene Hautschichten, sodass die Haut sich wieder erneuert und glatter wird. Während die Leber der Fettverbrennung dient, könnte man unsere Lymphbahnen und -knoten als Fettverarbeitungssystem bezeichnen. Die Tätigkeit der Leber und des Lymphsystems anzuregen ist also eine sehr wichtige Voraussetzung für eine nachhaltige Gewichtsabnahme.

Auch Cellulite lässt sich durch eine Anregung der Durchblutung der Haut lindern, denn dabei handelt es sich um nichts anderes als Giftstoffe, die sich in den Fettzellen Ihres Körpers angesammelt haben.

ANLEITUNGEN FÜR EINE BÜRSTENMASSAGE:

1. Die Massage wird in unbekleidetem Zustand vor dem Duschen (bei trockener Haut) durchgeführt.

2. Beginnen Sie bei den Fußsohlen.

3. Als Nächstes massieren Sie von den Fußknöcheln nach oben zu den Waden hin. Konzentrieren Sie sich vor allem auf die Kniekehlen, die mit langen, kräftigen Bürstenstrichen von unten nach oben (in Richtung Herz) massiert werden sollten. Da die Lymphe durch den Körper zum Herzen hinfließt, ist es wichtig, in diese Richtung zu bürsten.

4. Die einzige Ausnahme von dieser Regel ist der Rücken: Er wird von oben nach unten (also vom Nacken in Richtung Lendenwirbelsäule) gebürstet.

5. Als Nächstes bürsten Sie von den Knien zur Leistengegend, zu den Oberschenkeln und Gesäßbacken hin.

6. Als Frau sollten Sie Oberschenkel und Gesäßbacken mit kreisfömigen Bürstenstrichen massieren, um Fetteinlagerungen wie beispielsweise Cellulite zu mobilisieren.

7. Dann bürsten Sie Ihren Rumpf, wobei die Brüste ausgespart werden.

8. Zum Schluss fahren Sie mit langen Bürstenstrichen von den Handgelenken zu den Schultern und Unterarmen hin.

9. Entzündete Hautstellen, offene Wunden, Sonnenbrände oder Hauttumoren dürfen niemals mit einer Bürstenmassage behandelt werden!

10. Die Massage sollte nicht länger als drei bis fünf Minuten dauern. Ihre Haut wird danach pulsieren und sich wie neu anfühlen.

11. Nach der Bürstenmassage sollten Sie unbedingt duschen, um die abgelösten Hautunreinheiten und abgestorbenen Hautzellen abzuwaschen. Danach reiben Sie Ihre Haut mit einer natürlichen Feuchtigkeitslotion Ihrer Wahl (beispielsweise Kokosöl) ein.

12. Der beste Zeitpunkt für eine solche Massage ist morgens vor dem Duschen oder abends vor dem Zubettgehen.

Schwierigkeitsgrad:	Ziemlich einfach, sobald man die Massagetechnik erlernt hat
Kosten:	Circa 20 Euro für eine hochwertige Trockenmassagebürste
Zeitaufwand:	3 bis 5 Minuten morgens vor dem Duschen oder abends vor dem Zubettgehen
Wirkung:	Bekämpft Cellulite, verbessert die Durchblutung, öffnet verstopfte Poren und sorgt für eine schnellere Ausscheidung von Giftstoffen über die Haut

6. Candida-Entgiftung

Candida ist ein Hefepilz, der im Mund und in den Därmen lebt – allerdings nur in sehr kleinen Mengen. Wenn man zu viel von diesen Pilzen im Verdauungstrakt hat, können sie die Darmwände durchdringen, in den Blutstrom gelangen und Giftstoffe an den Körper abgeben, die zu einem Leaky-Gut-Syndrom (undichte Darmschleimhaut) führen. Dies wiederum kann zu verschiedenen Gesundheitsproblemen – am häufigsten Müdigkeit, Abgeschlagenheit, Kopfschmerzen, häufige Pilzinfektionen und Gedächtnisschwäche – führen. Außerdem führt eine übermäßige *Candida*-Besiedelung zu Verdauungsstörungen und depressiven Verstimmungen.

SO KANN IHR ARZT FESTSTELLEN, OB BEI IHNEN EINE ÜBERMÄSSIGE CANDIDA-BESIEDELUNG VORLIEGT:

Stuhluntersuchung: Im Labor kann die *Candida*-Besiedelung Ihres Colons und der darunterliegenden Darmabschnitte untersucht werden. Mit einer umfassenden Stuhldiagnose lässt sich normalerweise auch die Art des Hefepilzes ermitteln. Die Stuhluntersuchung ist nachweislich die genaueste Methode zur *Candida*-Diagnostik.

Blutuntersuchung: Man sollte die Reaktion Ihres Immunsystems auf *Candida* anhand von drei Antikörpern testen: Immunglobuline G (IgG), A (IgA) und M (IgM). Hohe Werte dieser Antikörper deuten auf eine übermäßige *Candida*-Besiedelung hin.

Bei der Behandlung einer *Candida*-Überbesiedelung ist es am allerwichtigsten, auf Zucker und Süßigkeiten zu verzichten. Außerdem sollten Sie zu antimykotischen Naturheilmitteln wie Grapefruitkern- oder Olivenblattextrakten greifen und Probiotika zu sich nehmen, um Ihren Darm wieder mit »guten« Bakterien zu besiedeln.

Schwierigkeitsgrad:	Die Einnahme der Präparate ist einfach, doch der Verzicht auf Süßigkeiten wird Ihnen vielleicht schwerfallen.
Kosten:	20 bis 40 Euro
Zeitaufwand:	Die Behandlung kann mehrere Monate dauern.
Wirkung:	Mehr Energie, Stimmungsaufhellung, bessere Verdauung, Gewichtsabnahme, erhöhtes Konzentrationsvermögen

7. Rizinusölpackungen

Solche Packungen setzen Heilpraktiker häufig zur Anregung der Lebertätigkeit und Entgiftung der Leber ein. Manche Menschen machen die Erfahrung, dass Rizinusölpackungen tatsächlich die Leber entstauen und dass sie danach nicht mehr so stark unter Flüssigkeitsansammlungen im Körper leiden. Man legt die Packung direkt auf die Haut, um die Durchblutung, Ausscheidung von Giftstoffen und Heilung der unter der Haut liegenden Gewebe und Organe anzuregen. Rizinusölpackungen werden eingesetzt, um Lebertätigkeit und Lymphfluss anzuregen, Schmerzen und Entzündungen zu lindern und die Verdauung zu verbessern. Die heilsame Wirkung des Rizinusöls scheint darauf zu beruhen, dass es Blut und biologische Energie dorthin leitet, wo die Packung aufgelegt wird, und Giftstoffe aus dem Körper herauszieht.

Eine Rizinusölpackung stellt man her, indem man einen Wattebausch oder ein Baumwolltuch mit dem Öl tränkt und auf den Bauch (insbesondere die Leber) legt. Anschließend deckt man die Packung mit einer Plastikfolie ab und legt eine Wärmflasche oder ein Heizkissen darüber, um die Packung zu erwärmen. Dann legen Sie sich entspannt hin und belassen die Packung für 30 bis 45 Minuten auf Ihrem Bauch. Sie dürfen sich dabei ausruhen, sollten aber auf gar keinen Fall einschlafen und das Heizkissen die ganze Nacht über anlassen! Nach dem Abnehmen der Packung reinigen Sie Ihre Haut mit einer Lösung aus Wasser und Backnatron (*baking soda*). Bewahren Sie die Packung in einem verschlossenen Gefäß im Kühlschrank auf; Sie können sie bis zu 30-mal wiederverwenden. Im Allgemeinen wird empfohlen, Rizinusölpackungen zur Entgiftung innerhalb einer Woche drei- bis siebenmal anzuwenden. Sie können auch versuchen, mit der Packung zu schlafen, um eine noch intensivere Wirkung zu erzielen (bitte ohne Heizkissen).

Man kann den Wattebausch oder das Baumwolltuch mit dem Öl zur Anregung der Lebertätigkeit auf die rechte Bauchseite oder aber direkt auf entzündete, geschwollene Gelenke oder gezerrte Muskeln legen. Sie können die Packung auch auf den Bauch auflegen, um Verstopfung und andere Verdauungsstörungen zu lindern. Bei unregelmäßiger Menstruation oder Zysten in Gebärmutter und Eierstöcken legen Sie sie auf den Unterleib.

Rizinusöl sollte nicht eingenommen werden und auch nicht mit verletzter Haut in Berührung kommen. Während der Menstruation, von schwangeren und stillenden Frauen darf es ebenfalls nicht angewendet werden.

Schwierigkeitsgrad:	Nicht schwierig, kann allerdings eine ziemlich schmierige Prozedur sein
Kosten:	12 bis 25 Euro
Zeitaufwand:	30 bis 40 Minuten; die Packung kann auch über Nacht auf dem Körper belassen werden
Wirkung:	Lindert Kopfschmerzen, chronische Schmerzen und Entzündungen; lässt dunkle Ringe unter den Augen verblassen; regt den Lymphfluss an; verbessert die Verdauung

8. Chi-Maschine

Die Chi-Maschine entgiftet Ihre Zellen tagtäglich, indem sie das Lymphsystem anregt. Sie verbessert die Sauerstoffversorgung, schenkt Ihnen neue Energie und regt die Durchblutung an – und das alles innerhalb von 15 Minuten.

Diese Maschine sieht aus wie ein kleiner Koffer mit zwei Fußstützen an der Oberseite. Man legt sich auf dem Rücken auf den Boden und lässt die Knöchel auf den Fußstützen ruhen. Dann schwingt die Chi-Maschine ungefähr 144-mal pro Minute hin und her – von links nach rechts und von rechts nach links. Innerhalb von nur 15 Minuten wird Ihr Körper auf diese Weise so gut mit Sauerstoff versorgt wie bei einem anderthalbstündigen Spaziergang. Die achtförmigen Schwingungen der Maschine, die an die Bewegungen eines Goldfischs erinnern, entspannen Nerven und Muskeln, regen den Energiefluss an und lindern Verspannungen in Schultern, Nacken und im Lendenwirbelsäulenbereich. Dieses aerobe Training kann Ihren Körper in jeder Hinsicht verjüngen – und Sie brauchen dafür nichts weiter zu tun, als auf dem Boden zu liegen und Ihre Fußknöchel auf die Maschine zu legen. Es ist wichtig, dabei tief durchzuatmen und sich um eine ruhige, gelassene seelische Verfassung zu bemühen. Die Chi-Maschine wirkt übrigens auch entspannend und führt zu einem erholsameren Schlaf.

Schwierigkeitsgrad:	Einfach und entspannend
Kosten:	Je nach Qualität zwischen 60 und mehreren Hundert Euro
Zeitaufwand:	10 bis 20 Minuten
Wirkung:	Regt Durchblutung und Stoffwechsel an; lindert Stress; verbessert den Schlaf

9. Kaffee-Einläufe

Beim Kaffee-Einlauf wird der Dickdarm durch den After mit einer Kaffeelösung gespült. Das hat eine ganz andere Wirkung als das Trinken von Kaffee: Solche Einläufe dienen dazu, die Ausscheidung von Giften durch die Leber zu unterstützen. Bei herkömmlichen Einläufen wird der Darm mithilfe einer Salzlösung gereinigt, doch manche Experten sind der Ansicht, dass das Koffein im Kaffee eine intensivere Reinigung bewirkt – deshalb gehören Kaffee-Einläufe zu meinen Lieblings-Entgiftungsmethoden.

Die stark entgiftende Wirkung ist auf einige im Kaffee enthaltene Alkaloide zurückzuführen, die die Bildung von Glutathion (einer sehr wirksamen körpereigenen entgiftenden Substanz) anregen. Glutathion unterstützt den Körper bei der Ausleitung von gefährlichen Metallen wie beispielsweise Quecksilber.

Die meisten Colon-Hydro-Therapeuten können Ihnen im Anschluss an die Darmspülung einen Kaffee-Einlauf verabreichen. Man kann sich aber auch ein Irrigator-Set für solche Einläufe kaufen und sich diese entgiftende Behandlung ganz bequem in den eigenen vier Wänden gönnen.

Schwierigkeitsgrad: Die Selbstbehandlung kann mühsam und umständlich sein; in Kombination mit einer Colon-Hydro-Therapie ist die Verabreichung eines Kaffee-Einlaufs unkompliziert.

Kosten: Ein Irrigator-Set kostet zwischen 10 und 30 Euro.

Zeitaufwand: Zu Hause: 15 Minuten für die Vorbereitung und 15 Minuten für die Durchführung

Wirkung: Entgiftet und trägt zur Regeneration der Leber bei; hilft gegen Verstopfung, Schlafstörungen und Gedächtnisprobleme; verbessert die Verdauung; schenkt neue Energie; hellt die Stimmung auf und sorgt dafür, dass man wieder klarer denken kann

10. Darmreinigung

Man kann seinen Darm mit Heilpflanzen und Nahrungsergänzungsmitteln in Pulver- oder Kapselform reinigen. Diese können bei der Darmentleerung helfen. Solche Heilpflanzen oder Nahrungsergänzungsmittel gibt es im Internet, in Naturkostläden, Supermärkten und Drogerien zu kaufen. Das Hauptziel dieser Behandlungen besteht darin, den Darm zu entleeren und alte Stuhlreste auszuscheiden.

Eine der Haupttheorien, die für die Darmreinigung sprechen, besagt, dass unverdaute Nahrung zu Schleimansammlungen im Dickdarm führen kann. Diese Ablagerungen erzeugen Toxine, die in den Blutkreislauf übergehen und den Körper vergiften. Eine Darmreinigung beseitigt diese Giftstoffe aus dem Körper oder neutralisiert sie und führt zur Ausscheidung von überschüssigem Schleim, der den Darm verstopft.

Ein angenehmer Nebeneffekt dieser Darmreinigung besteht darin, dass sie gegen Verstopfung hilft. Eine falsche, nährstoffarme Ernährung kann dazu führen, dass sich an den Darmwänden ungesunde plaqueähnliche Substanzen ablagern. Eine Darmreinigung hilft nicht nur beim Abbau dieser schädlichen Ablagerungen an den Darmwänden, sondern sorgt auch dafür, das sie leichter abtransportiert und ausgeschieden werden können. Ein weiterer positiver Effekt ist die Linderung von Durchfällen, die normalerweise durch Toxine hervorgerufen werden.

Es gibt ein sehr wirksames, magnesiumhaltiges, sauerstoffspendendes Darmsanierungsmittel, mit dem ich quasi über Nacht die erwünschten Resultate erziele. Es enthält ozonisierte Magnesiumoxidpartikel, die so stabilisiert wurden, dass sie den Sauerstoff über einen Zeitraum von mindestens 12 Stunden im gesamten Verdauungstrakt freisetzen. Das Magnesium fungiert dabei als Medium, das den Sauerstoff durch den Körper transportiert, Giftstoffe und saure Stoffwechselschlacken sanft löst und abtransportiert. Der Sauerstoff fördert gleichzeitig die Besiedelung des Verdauungstrakts mit »guten« Bakterien, die für eine reibungslose Verdauung und einen gesunden Darm so wichtig sind.

Man kann diese Nahrungsergänzungsmittel zwar bedenkenlos regelmäßig einnehmen, ich würde aber empfehlen, sie nur während intensiver Entgiftungskuren einzusetzen, um den Darm zu reinigen und die Darmtätigkeit anzuregen. Mein Lieblingspräparat ist Mag07 (im Onlinehandel aus den USA erhältlich), das mir bei meinem persönlichen Entschlackungs- und Entgiftungsprozess sehr geholfen hat. Dieses Nahrungsergänzungsmittel hat sich auch als gute Alternative für diejenigen meiner Klienten erwiesen, die sich keine Colon-Hydro-Therapie leisten können oder in deren Wohnortnähe es keinen Therapeuten dafür gibt. Bei einigen meiner Klienten haben Blähungen und Verstopfung während der Einnahme von Mag07 nachgelassen; doch für mich liegt der größte Vorteil dieses Präparats darin, dass es mir bei der Ausscheidung von Gift- und Abfallstoffen aus dem gesamten Verdauungstrakt hilft.

Eine 7- bis 10-tägige Einnahme eines ozonisierten Magnesiumoxidpräparats eignet sich hervorragend für eine intensive Darmreinigung und ist ein guter Start in Ihr Detox-Programm. Man kann solche Präparate bedenkenlos über längere Zeit täglich zur Entgiftung einnehmen. Im Gegensatz zu synthetischen oder pflanzlichen Abführmitteln wie beispielsweise Sennesblättern stellt sich bei einem hochwertigen ozonisierten Magnesiumoxidpräparat keine letztlich schädliche Gewöhnung ein – im Gegenteil: Solche Nahrungsergänzungsmittel stärken sämtliche Organfunktionen und eignen sich daher auch gut zur langfristigen Einnahme.

Trotzdem sollten Sie wie immer vorher Ihren Arzt um Rat fragen und sich genau an die Anleitungen in der Packungsbeilage halten. Bei den meisten Menschen reichen 3 bis 5 Tabletten, 7 bis 10 Tage lang jeden Abend vor dem Zubettgehen eingenommen, für eine wirksame Darmreinigung aus. Falls bei Ihnen dadurch weicher Stuhl oder sonstige unerwünschte Nebenwirkungen auftreten sollten, senken Sie die Dosis einfach und nehmen nur eine Tablette pro Tag ein. Und bitte schauen Sie sich Ihren Stuhl genau an – Sie werden darüber staunen (und es vielleicht auch eklig finden), was da alles aus Ihrem Darm herauskommt!

Präparate zur Darmreinigung – beispielsweise in Form von Kräutertees, Enzymen, Pulver oder Kapseln – finden Sie aber auch im Internet oder in Naturkostgeschäften, Supermärkten und Apotheken. Mein Lieblings-Darmreinigungsset, bei dem man mehrere Tage lang viele verschiedene Nahrungsergänzungsmittel einnimmt, stammt von Colonix (im Onlinehandel aus den USA erhältlich).

Schwierigkeitsgrad: Unterschiedlich. Die Einnahme von Mag07 ist am einfachsten; bei Colonix muss man über den Tag verteilt mehrere verschiedene Nahrungsergänzungsmittel einnehmen.

Kosten: Mag07: 20 bis 30 Euro; Colonix: zwischen 70 und 120 Euro

Zeitaufwand: Mag07: 7 bis 10 Tage lang jeden Abend 1 Tablette, anschließend 1 bis 2 Tabletten pro Woche als Erhaltungstherapie; eine Colonix-Kur dauert ungefähr 30 Tage

Wirkung: Lindert Blähungen und Verstopfung; eignet sich hervorragend zur Anregung der Verdauungstätigkeit bei Menschen, die nicht jeden Tag Stuhlgang haben

10
Entgiftungs-
methoden
11–21

11. Colon-Hydro-Therapie

Bei dieser Behandlungsmethode leitet der Therapeut durch den After Wasser in Ihren Darm ein, um Schlacken und verhärtetes Stuhlmaterial zu lösen und abzutransportieren. Die Colon-Hydro-Therapie ist im Grunde genommen nichts anderes als eine sanfte Spülung des Dickdarms mit gereinigtem Wasser. Sie dient dazu, den Darm von Giftstoffen aus der Nahrung und von anderen Umwelttoxinen (z. B. Schadstoffen, Arzneimitteln, Haushaltsreinigern und Pestiziden) zu befreien, die sich im Lauf der Zeit dort angesammelt haben.

Wie läuft eine solche Darmspülung ab? Die Patientin oder der Patient legt sich auf den Rücken, und die Therapeutin/der Therapeut leitet mithilfe eines Geräts sehr langsam Wasser in den Dickdarm. Sobald sich ein leichter Druck im Darm aufgebaut hat, wird das Wasser wieder abgelassen. Nachdem man es sich auf seiner Liege bequem gemacht und sich innerlich auf diese Therapie eingestimmt hat, kann sie sehr entspannend wirken. Während der Colon-Hydro-Therapie wird der Bauch sanft massiert und das abfließende Wasser kann durch ein Schauglas betrachtet werden. Diese Prozedur wird während der 30- bis 45-minütigen Behandlung mehrfach (oft mit unterschiedlichem Wasserdruck und -temperatur) wiederholt. Die Colon-Hydro-Therapie läuft also ähnlich ab wie ein Einlauf, nur mit viel mehr Wasser und ohne das dabei auftretende unangenehme Gefühl und die störenden Gerüche.

Ein warnender Hinweis ist bei der Colon-Hydro-Therapie allerdings angebracht: Dabei werden nämlich nicht nur die schlechten, sondern auch die guten Bakterien aus dem Darm herausgespült. Wenn Sie sich nicht gerade in einem sehr kränklichen oder geschwächten Zustand befinden, ist Ihr Darm innerhalb von 24 Stunden wieder mit gesunden Bakterien besiedelt. Trotzdem sollten Sie nach einer Colon-Hydro-Therapie sicherheitshalber ein Probiotikum einnehmen, um die gesunde Darmflora sofort wiederherzustellen. Ein guter Colon-Hydro-Therapeut gibt seinem Patienten nach der Behandlung ein Präparat mit Probiotika (guten Darmbakterien) zur Einnahme mit nach Hause.

Falls Sie die Colon-Hydro-Therapie in Ihr Entgiftungsprogramm aufnehmen möchten, sollten Sie sie zu Beginn dieses Programms bis zu sechs Wochen lang mindestens einmal wöchentlich durchführen lassen. Am Anfang soll der Entgiftungsprozess besonders intensiv sein, denn in dieser Phase werden die meisten Giftstoffe aus dem Körper herausgezogen, und wenn diese Toxine nicht schnell ausgeschieden werden, können sie unangenehme Entgiftungssymptome hervorrufen. Wenn Ihr Körper die Giftstoffe und Schlacken im Rahmen normaler Stuhlgänge (ein- bis zweimal täglich) ausscheidet, brauchen Sie wahrscheinlich keine Colon-Hydro-Therapie. Nur falls Sie seltener als einmal täglich Stuhlgang haben sollten, kann eine Colon-Hydro-Therapie sinnvoll sein, um die Ausscheidung der Giftstoffe zu beschleunigen.

ENTGIFTUNGSMETHODEN 11–21 | 161

Wenn die Colon-Hydro-Therapie von einem hierfür ausgebildeten Heilpraktiker an einem qualitativ hochwertigen Gerät fachgerecht durchgeführt wird, ist sie risikofrei und bringt keine größeren Nachteile mit sich.

Schwierigkeitsgrad: Relativ einfach und entspannend

Kosten: 60 bis 80 Euro pro Sitzung

Zeitaufwand: 1 Stunde

Wirkung: Lindert Blähungen und Verstopfung; eignet sich gut zur Anregung der Verdauungstätigkeit bei Menschen, die nicht jeden Tag Stuhlgang haben

12. Entgiftende Fußpflaster und Fußbäder

ENTGIFTENDE FUSSPFLASTER

Entgiftende Fußpflaster sind eine schnelle und unkomplizierte Methode, Ihren Körper von Giftstoffen zu befreien. Bei diesen Pflastern handelt es sich um große weiße Bandagen, die mit verschiedenen pflanzlichen Substanzen und anderen Inhaltsstoffen getränkt sind. Diese Stoffe ziehen Toxine, ja sogar Schwermetalle und Gifte aus dem Körper heraus. Man befestigt sie über Nacht mit Klebestreifen an den Fußsohlen und nimmt sie am nächsten Morgen wieder ab. Solche Fußpflaster helfen gegen Schmerzen, Muskelkater, Gelenkschmerzen, Schwellungen und einen aufgeblähten Bauch.

Entgiftenden Fußpflastern liegt eine ähnliche Gesundheitsphilosophie zugrunde wie der Akupunktur: An unseren Füßen befinden sich über 60 Akupunkturpunkte. Durch diese Punkte entzieht das Fußpflaster dem Körper Giftstoffe. Die aus den Körperzellen und -geweben herausgezogenen Toxine lagern sich in den Füßen ab, wo sie über das Fußpflaster ausgeschieden werden können.

ENTGIFTENDES FUSSBAD

Entgiftende (ionische) Fußbäder werden in vielen Kosmetiksalons und Wellnesseinrichtungen angeboten. Dabei werden die Füße in einer warmen Salzwasserlösung eingeweicht, die verschiedene entgiftende Substanzen enthält. Ein ionisches Fußbad ist eine natürliche Behandlungsmethode, mit der Sie Ihren Körper bei der Ausscheidung schädlicher Giftstoffe und Schwermetalle unterstützen. Die in dem Wasser enthaltenen Ionen schießen durch die Fettgewebe Ihres Körpers hindurch und ziehen die Toxine durch Hunderte von Poren in der Haut Ihrer Füße aus dem Körper heraus. Ein solches Fußbad sollte im Durchschnitt 30 Minuten dauern und ist etwas teurer als die Fußpflaster (10 bis 90 Cent pro Pflaster versus 25 bis 30 Euro pro Behandlungssitzung für ein entgiftendes Fußbad). Außerdem sollen solche Fußbäder die Beweglichkeit der Knie- und Ellbogengelenke verbessern und sind eine gute Therapieoption für Menschen, die unter Kopfschmerzen, chronischen Gelenk- oder Knochenschmerzen leiden.

Ein entgiftendes Fußbad ist sehr einfach durchzuführen und hat eine ausgesprochen entspannende Wirkung. Normalerweise werden solche Fußbäder in Wellnesseinrichtungen angeboten.

Schwierigkeitsgrad: Sehr einfach und entspannend

Kosten: Fußpflaster: Ab 10 Cent pro Pflaster;
Fußbad: ab 25 bis 30 Euro pro Behandlung

Zeitaufwand: Fußpflaster: werden über Nacht während des Schlafens getragen; Fußbad: 35 bis 45 Minuten

Wirkung: Lindert Schmerzen und Schwellungen

13. Detox-Wasser (Apfelessigkur)

Das ein- bis dreimal tägliche Trinken von mit Wasser verdünntem Apfelessig ist eine einfache und wirksame Methode zur Entgiftung und Anregung der Verdauung. Aufgrund seines hohen Gehalts an Mineralstoffen, Vitaminen und Enzymen hat Apfelessig eine sehr starke entgiftende Wirkung. Er hilft dem Körper bei der Ausscheidung von Gift- und Abfallstoffen, bevor diese sich im Organismus ablagern und der Gesundheit schaden können. Apfelessig ist bekannt für seine verdauungsfördernde und leicht abführende Wirkung. Außerdem trägt er zur Blutreinigung und Entgiftung der Leber bei und fördert die Durchblutung dank seiner wirksamen Enzyme, die ungesundes Cholesterin aufspalten, sodass es die Arterien nicht mehr verstopfen kann.

Ferner regt Apfelessig den Stoffwechsel an, sodass Ihr Körper Fett schneller verbrennen kann. Mit seiner verdauungsfördernden Wirkung sorgt er dafür, dass Fette nicht so lange im Verdauungstrakt verbleiben – denn je länger sie dort bleiben, umso mehr Fett nimmt der Körper auf.

Wenn Sie mit Apfelessig abnehmen möchten, müssen Sie ihn gleich morgens auf nüchternen Magen trinken. Um noch schnellere Resultate zu erzielen, kann Apfelessig bis zu dreimal täglich (vor den Mahlzeiten) getrunken werden.

ICH VERWENDE AM LIEBSTEN FOLGENDES REZEPT:

- 2 Esslöffel ungekochter naturtrüber Apfelessig

- 180 bis 250 ml Wasser

- 1 Spritzer Zitronensaft

- 1 Prise Cayennepfeffer (wahlweise)

- Wenn Sie möchten, können Sie Ihren Apfelessig mit Stevia süßen; das muss aber nicht unbedingt sein.

- Meine Lieblings-Apfelessigmarke ist Bragg Apple Cider Vinegar.

Schwierigkeitsgrad: Einfach; schmeckt aber nicht besonders gut

Kosten: Zwischen 1,50 und 10 Euro pro Flasche

Zeitaufwand: Die Zubereitung dauert nicht länger als 2 bis 3 Minuten.

Wirkung: Bessere Verdauung, weniger Blähungen; unterstützt die Gewichtsabnahme

14. Epsomsalzbäder

Epsomsalz (auch als Bittersalz bezeichnet) hat einen hohen Gehalt an Magnesiumsulfat (Magnesium und Schwefelsäure). Das Magnesiumsulfat kann leicht über die Haut aufgenommen werden und trägt dazu bei, dem Körper Giftstoffe, überschüssige Flüssigkeit und Zellabfälle zu entziehen. Dadurch, dass Epsomsalzbäder Ihren Organismus von Flüssigkeitsansammlungen befreien, wirkt Ihr Körper weniger aufgeschwemmt, und Sie verlieren Wassergewicht. Deshalb nehmen Prominente zwei bis drei Tage vor einem wichtigen Auftritt oft Epsomsalzbäder, um sich in Topform zu bringen.

So bereitet man ein Epsomsalzbad zu: Geben Sie anfangs nur einen Esslöffel Epsomsalz in Ihr Badewasser und steigern Sie diese Dosis nach ein paar Bädern schrittweise auf etwa 350 g. Wenn Sie die Dosis nicht langsam steigern, können unerwünschte Nebenwirkungen (beispielsweise starke Mattigkeit) auftreten. Entspannen Sie sich 15 bis 20 Minuten lang in dem Badewasser. Länger als 25 Minuten sollte das Bad nicht dauern, da es sonst zu Erschöpfung führen kann. Achten Sie darauf, während Ihres heißen Bades und danach genügend Flüssigkeit zu sich zu nehmen! Epsomsalzbäder dürfen ein- bis zweimal pro Woche genommen werden.

Um den positiven Effekt dieses Bades zu verstärken, können Sie (je nach erwünschter Wirkung) 10 Tropfen ätherisches Öl in Ihr Badewasser geben:

- Lavendel: wirkt beruhigend und entspannend

- Zedernholz: hilft gegen depressive Verstimmungen und Stimmungs-schwankungen

- Pfefferminz: vertreibt Müdigkeit und Abgeschlagenheit

- Kamille und Rosmarin: lindern Kopf-schmerzen

Schwierigkeitsgrad:	Sehr entspannend
Kosten:	Eine 1-kg-Packung Epsomsalz kostet zwischen 6 und 12 Euro (größere Mengen sind entsprechend günstiger)
Zeitaufwand:	5 Minuten für die Zubereitung, 20 Minuten für das Bad
Wirkung:	Entgiftung; lindert Stress, Schmerzen und Muskelkrämpfe; man ist weniger aufgeschwemmt und verliert Wassergewicht

15. Lebensmittel mit entgiftender Wirkung

Wenn Sie sich von gesunden, natürlichen Bio-Lebensmitteln (vor allem Rohkost) ernähren, halten Sie Ihren Körper giftfrei und werden sich unabhängig von Ihrem Alter über ein strahlendes Aussehen freuen können. Entgiftung bedeutet nichts anderes, als seinen Körper von innen heraus zu reinigen und zu ernähren: Wenn Sie ihn zunächst von Giftstoffen befreien und ihm dann gesunde Nährstoffe zufüh-ren, können Sie dauerhaft kerngesund bleiben.

FOLGENDE LEBENSMITTEL HABEN EINE STARK ENTGIFTENDE WIRKUNG:

- *Mandeln:* Laut einer im *Journal of the National Cancer Institute* veröffent-lichten neueren Studie können schon ein paar Handvoll Mandeln pro Tag zur Beseitigung von Abfallstoffen aus dem Körper beitragen. Mandeln haben einen hohen Gehalt an Ballaststoffen, Kalzium, Magnesium und Eiweiß. Diese Inhaltsstoffe tragen dazu bei, den Blutzuckerspiegel zu stabilisieren und den Darm zu reinigen.

- *Bohnen:* Diese Hülsenfrüchte enthalten das Peptidhormon Cholecystokinin, das eine natürliche appetithemmende Wirkung hat, die Leber mit Eiweiß ver-sorgt und dadurch bei der Entgiftung Ihres Körpers unterstützt. Geben Sie Boh-nen in Ihre Salate oder essen Sie sie als Hauptgericht oder Beilage.

- *Rote Bete:* Der Verzehr von Roten Beten kann Ihnen nicht nur Energie liefern und Ihren Blutdruck senken, sondern auch Krebs bekämpfen und die Gehirnfunktion verbessern. Die kleinen roten Knollen enthalten eine einzigartige Kombination aus natürlichen sekundären Pflanzenstoffen und Mineralien, die zur Infektabwehr und Reinigung von Blut und Leber beitragen. Bei Entgiftungskuren sorgt Rote Bete dafür, dass Ihr Körper die Giftstoffe, die aus Ihren Zellen und Geweben herausgezogen werden, auch wirklich über den Schweiß, Stuhl oder Urin ausscheidet.

- *Brokkolisprossen:* Diese Sprossen haben einen extrem hohen Gehalt an Antioxidanzien und können die Entgiftungsenzyme im Verdauungstrakt stärker stimulieren als jedes andere Gemüse. Brokkolisprossen sind in dieser Hinsicht sogar noch wirksamer als Brokkoli selbst!

- *Zitrusfrüchte:* Diese Früchte, zu denen Grapefruits, Zitronen, Limetten und Orangen gehören, helfen dem Körper bei der Ausscheidung von Giftstoffen und regen mit ihren Enzymen gleichzeitig die Verdauungstätigkeit an. Außerdem unterstützen sie die Leber in ihrer Entgiftungstätigkeit. Um Ihren Körper zu entgiften, sollten Sie morgens zuallererst ein Glas warmes Zitronenwasser trinken. Das darin enthaltene Vitamin C wandelt Giftstoffe in verdauliche Substanzen um.

- *Knoblauch:* Diese würzige Knolle regt die Leber zur Bildung von Entgiftungsenzymen an, die toxische Abfallprodukte aus dem Verdauungssystem herausfiltern. Also reichern Sie Ihre Gerichte wann immer möglich mit gegarten oder (in Scheiben geschnittenen) rohen Knoblauchzehen an! Sie sind ein wirksamer Bestandteil jeder Entgiftungskur.

- *Grünes Blattgemüse:* Füllen Sie Ihren Kühlschrank mit Grünkohl, Weizengras, Spinat, Spirulina, Luzerne (Alfalfa), Mangold, Rucola und anderen grünen Salaten und Blattgemüsen aus biologischem Anbau! Am besten entfalten diese Lebensmittel ihre entgiftende Wirkung, wenn man sie roh verzehrt oder entsaftet. Sie versorgen Ihren Verdauungstrakt mit reichlich Chlorophyll, einem grünen Pflanzenfarbstoff, der den Körper von Toxinen aus Smog, Schwermetallen, Reinigungsprodukten, Unkraut- und Schädlingsvernichtungsmitteln befreit. Außerdem haben grüne Blattgemüse und Salate einen hohen Gehalt an Schwefel und Glutathion; diese Stoffe unterstützen die Leber bei der Ausscheidung schädlicher Chemikalien. Sie können solche Lebensmittel beispielsweise in Ihren Speiseplan einbauen, indem Sie regelmäßig grüne Smoothies trinken (siehe Kapitel 2).

- *Omega-3-Fettsäuren:* Hanf-, Avocado-, Oliven-, Fisch- und Leinöl befetten und befeuchten die Darmwände. Giftstoffe werden von dem Öl aufgenommen und aus dem Körper ausgeschieden.

- *Zwiebeln:* Zwiebeln, Frühlingszwiebeln (grüne Zwiebeln) und Schalotten liefern Ihrem Körper schwefelhaltige Aminosäuren. Laut Patrick Holford und Fiona McDonald Joyce, den Autoren des Buches *The 9-Day Liver Detox Diet*, wird Schwefel für einen wichtigen Leberentgiftungsprozss namens Sulfatierung benötigt. Die in Zwiebeln enthaltenen Aminosäuren liefern das Rohmaterial für die Bildung von Glutathion, eines vor allem in der Leber gebildeten, für die Entgiftung wichtigen Radikalfängers. Glutathion baut Paracetamol und Koffein in der Leber ab und macht sie unschädlich. Um in den vollen Genuss dieser entgiftenden Wirkung zu kommen, empfehlen die Autoren, täglich eine kleine Zwiebel, eine Schalotte oder vier Frühlingszwiebeln roh zu essen. Rohe rote Zwiebeln sind besonders gesund, denn sie enthalten Quercetin, eine natürliche entzündungshemmende Substanz, die die Leberfunktion stärkt.

- *Nüsse und Kerne:* Nehmen Sie ruhig mehr von diesen leicht verdaulichen Energiespendern in Ihre Ernährung auf! Empfehlenswert sind beispielsweise Leinsamen, Kürbiskerne, Mandeln, Walnüsse, Hanfsamen, Sesamkerne, Chiasamen, Zedernüsse und Sonnenblumenkerne.

- -

Schwierigkeitsgrad:	Einfach – man muss nur essen
Kosten:	Preisgünstig
Zeitaufwand:	Hängt davon ab, wie viel Zeit Sie für die Zubereitung Ihrer Mahlzeiten aufwenden möchten
Wirkung:	Verbesserung des Gesundheitszustands; bessere Verdauung; Gefühl jugendlicher Vitalität

16. Grüne Smoothies

Diese Smoothies haben eine so starke entgiftende Wirkung, dass sie hier unbedingt gesondert aufgeführt werden müssen. Grüne Smoothies liefern Ihrem Körper die hochwertige Ernährung, die er während dieses Reinigungsprozesses Ihrer Zellen, Gewebe und inneren Organe so dringend braucht. Aus diesen Smoothies kann Ihr Organismus Vitamine, Mineralien und andere Nährstoffe besonders gut aufnehmen, sodass Ihre Zellen sich erneuern und Sie sich mit der Zeit immer jünger fühlen (und auch so aussehen) werden. Grüne Smoothies enthalten viel Chlorophyll, das eine ähnliche chemische Zusammensetzung hat wie unser roter Blutfarbstoff Hämoglobin. Deshalb ist es für Ihren Körper jedes Mal fast so etwas wie eine Bluttransfusion, wenn Sie einen grünen Smoothie trinken! Diese Getränke sind eine hochwirksame Entgiftungsmethode.

Wie ich bereits zu Beginn meiner Ausführungen zum Thema Entgiftung erwähnt habe, muss Ihr Körper, nachdem er dem Essen seine Nährstoffe entzogen hat, die ungenutzten Nahrungspartikel und die beim Verdauungsprozess anfallenden Abfallprodukte entsorgen. Denn wenn unverdaute Nahrung nicht vollständig ausgeschieden wird, können sich mit der Zeit Giftstoffe und Stoffwechselschlacken im Körper ansammeln. Zum Glück liefern grüne Smoothies Ihnen genau die Ballaststoffe, die Sie brauchen, um Ihren Körper zu entschlacken, Ihr Verdauungssystem anzuregen und Giftstoffe auszuscheiden.

Viele Menschen haben ihren Körper mit dem 10-tägigen Grüne-Smoothies-Entschlackungsprogramm, das ich in einem anderen Buch (*Grüne Smoothies: Die 10-Tage-Detox-Kur*) beschreibe, erfolgreich entgiftet und den Prozess der Gewichtsabnahme in Gang gesetzt!

Schwierigkeitsgrad:	Recht einfach zuzubereiten
Kosten:	8 bis 16 Euro
Zeitaufwand:	5 Minuten für die Zubereitung
Wirkung:	Gewichtsabnahme, mehr Energie, weniger Heißhungerattacken, reinere Haut

17. Schwermetallentgiftung

Schwermetalle wie Quecksilber und Blei können sich im Körper ansammeln und Probleme wie Herz-Kreislauf- und Schilddrüsenerkrankungen, Autismus, Unfruchtbarkeit und Demenz verursachen. Andere häufige Beschwerden, die durch Schwermetalle im Körper entstehen können, sind Müdigkeit, Abgeschlagenheit, Gedächtnisstörungen, das Gefühl der Benebelung (»Brain Fog«), Gelenkschmerzen, Muskelschmerzen oder -schwäche. Im Rahmen einer Schwermetallentgiftung scheidet man diese und andere toxische Substanzen aus dem Körper aus und führt ihm wichtige Nährstoffe zu, die für einen besseren Gesundheitszustand und mehr Wohlbefinden sorgen.

Vor einer solchen Entgiftungskur sollte der Arzt bei Ihnen eine Blutuntersuchung durchführen, um festzustellen, wie stark Ihr Organismus mit Quecksilber und anderen Schwermetallen belastet ist. Eine beliebte Entgiftungsmethode ist die Einnahme von Dimercaptobernsteinsäure (DMSA), einer von der amerikanischen Arzneimittelbehörde FDA zugelassenen Substanz zur Ausleitung von Schwermetallen. Sie können aber auch andere Bindemittel einnehmen, um Ihrem Körper das Quecksilber zu entziehen. Ihr Arzt oder Heilpraktiker kann Sie im Hinblick auf das am besten geeignete Entgiftungsverfahren beraten und Ihnen entsprechende Substanzen verschreiben. Andere für die Schwermetallentgiftung geeignete Nahrungsergänzungsmittel sind Chlorella, Korianderkraut und Mariendistel. Auch durch regelmäßige Saunabesuche können Sie einen wichtigen Beitrag zur Befreiung Ihres Körpers von Schwermetallen leisten.

- -

Schwierigkeitsgrad:	Recht einfach zuzubereiten
Kosten:	8 bis 16 Euro
Zeitaufwand:	5 Minuten für die Zubereitung
Wirkung:	Gewichtsabnahme, mehr Energie, weniger Heißhungerattacken, reinere Haut

18. Leberreinigung

Die Leber spielt für die Entgiftung und Verbrennung von Fetten in unserem Körper eine wichtige Rolle; deshalb wird sie auch als Fettverbrennungsorgan bezeichnet. Zwar besitzen wir mehrere Entgiftungsorgane, doch die meisten medizinischen Experten sind sich darüber einig, dass die Leber in dieser Hinsicht die Hauptrolle spielt. Viele sind sogar der Ansicht, dass unsere Lebensdauer und Lebensqualität von einer gesunden Leberfunktion abhängt. Die Leber ist Tag und Nacht damit beschäftigt, unseren Körper von Giftstoffen wie Chemikalien, ungesunden Bakterien und anderen Fremdsubstanzen zu befreien. Daher ist es sehr wichtig, dieses Organ gesund und funktionstüchtig zu erhalten.

Eine einfache Leberreinigungsmethode besteht in der Einnahme von Heilpflanzen bzw. Nahrungsergänzungsmitteln wie Mariendistel, Löwenzahnwurzel und Klettenwurzel. Das sind natürliche und sehr wirksame Heilmittel. Sie werden feststellen, dass viele auf dem Markt erhältlichen Nahrungsergänzungsmittel alle drei Heilpflanzen enthalten, weil man damit eine noch bessere Wirkung erzielt. Achten Sie darauf, nur hundertprozentig natürliche Präparate mit sanfter, schonender Wirkung zu wählen!

Ein weiteres, sehr preisgünstiges Leberreinigungsverfahren besteht darin, morgens und abends 2 Esslöffel ungekochten, naturtrüben Apfelessig mit 250 ml Wasser zu verdünnen und zu trinken. Praktizieren Sie dies ein paar Tage bis Wochen lang, bis Sie merken, dass der Fettverbrennungsprozess in Ihrem Körper sich beschleunigt hat! Vielleicht werden Sie dabei auch feststellen, dass die Symptome einer trägen Leber sich legen. An folgenden Warnsignalen erkennen Sie, dass Ihre Leber nicht richtig arbeitet:

- Das Weiße Ihrer Augen verfärbt sich gelblich

- Schlaffer Hauttonus, Akne oder Hautausschlag an Nase, Wangen und Kinn

- Dunkle Ringe unter den Augen

- Gelber Belag auf der Zunge

- Bitterer Geschmack im Mund

- Kopfschmerzen

- Reizbarkeit und Launenhaftigkeit

Eine Leberreinigung kann sehr verjüngend wirken und bringt viele gesundheitliche Vorteile mit sich.

Schwierigkeitsgrad: Einfach – man braucht nur die Nahrungsergänzungsmittel einzunehmen oder mit Wasser verdünnten Apfelessig zu trinken.

Kosten: 5 bis 35 Euro für die Nahrungsergänzungsmittel

Zeitaufwand: Gleich null

Wirkung: Dunkle Ringe unter den Augen verblassen; straffere Haut; das Weiße in den Augen wirkt weniger gelblich; Stoffwechsel und Fettverbrennung werden angeregt

19. Parasitenkur

Da Parasiten in Magen und Darm leben, entziehen sie Ihrem Körper Nährstoffe, sodass er die Nahrung nicht richtig verwerten kann. Diese Schmarotzer können großen Schaden anrichten, das Immunsystem schwächen und Krankheiten verursachen.

Einige der häufigsten Parasiten (beispielsweise Spulwürmer, Bandwürmer, Madenwürmer und Pärchenegel) können Bauchkrämpfe, Blähungen, faulig riechende Darmwinde, Aufstoßen und andere chronische Verdauungsprobleme verursachen. Zu den Symptomen gehören depressive Verstimmungen, Angstzustände, Kopf-, Glieder- und Augenschmerzen, manchmal auch Jucken im Afterbereich.

DIE ZWEI HÄUFIGSTEN ALARMSIGNALE, DIE AUF EINEN PARASITENBEFALL HINDEUTEN KÖNNEN, SIND:

- Chronische Verdauungsstörungen (z. B. Verstopfung, Durchfall, Blähungen und Darmwinde)

- Psychische Störungen wie depressive Verstimmungen/Depressionen, Panikattacken und Angstzustände

Eine Parasitenkur ist nur dann notwendig, wenn der Arzt Ihnen bestätigt, dass Sie auch wirklich unter Parasiten leiden, was sich normalerweise durch eine umfassende Stuhluntersuchung feststellen lässt. Mit pflanzlichen Nahrungsergänzungsmitteln, die Gewürznelken, Wermutkraut und schwarze Walnussschalen enthalten, kann man Parasiten erfolgreich zu Leibe rücken. Bei entsprechenden Symptomen empfiehlt es sich, ein- bis zweimal pro Jahr eine Parasitenkur durchzuführen.

Schwierigkeitsgrad:	Sehr einfach – man braucht nur die Nahrungsergänzungsmittel einzunehmen.
Kosten:	20 bis 80 Euro für die Nahrungsergänzungsmittel
Zeitaufwand:	Die Befreiung Ihres Körpers von Parasiten kann 1 bis 3 Monate dauern.
Wirkung:	Erfolgreiche Beseitigung der Parasiten aus dem Verdauungstrakt, wodurch Blähungen und andere Darmbeschwerden nachlassen; dann können Sie auch wieder klarer denken und haben mehr Energie.

20. Körperliche Aktivität

Bewegung ist wichtig! Körperliche Aktivität wirkt entgiftend, weil der Körper dabei in Schwung gerät: Das Herz schlägt schneller, die Lungen saugen sich mit Luft voll. Dadurch wird der Körper mit Sauerstoff versorgt, der ihn vor einer Überlastung mit Giftstoffen schützt; schädliche Ablagerungen werden aus den Arterien herausgespült. Außerdem trägt körperliche Aktivität zu einer optimalen Funktion der Entgiftungsorgane bei, da Blut und Lymphe dann besser durch den Körper zirkulieren, sodass Leber und Lymphknoten diese Körperflüssigkeiten wirksamer reinigen können. (Sie erinnern sich: Das Lymphsystem ist der Sammelbehälter giftiger Abfallstoffe in unserem Körper!)

Außerdem lässt Bewegung das Unterhautfettgewebe dahinschmelzen. Sie wissen ja: In unserem Fettgewebe lagern sich Giftstoffe ab. Körperliche Aktivität trägt dazu bei, diese Toxine aus den Fettzellen herauszulösen.

Wenn Sie körperlich aktiv sind, atmen Sie automatisch tief durch, sodass Ihr Blut mehr Sauerstoff zum Gehirn und in Ihre Muskeln transportieren kann. Gleichzeitig wird Kohlendioxid als Abfallprodukt abgeatmet. Dadurch verbessert sich mit der Zeit die Lungenkapazität und der Herzmuskel wird gekräftigt.

Schon ein halbstündiger flotter Spaziergang kann diesen Entgiftungsprozess in Gang setzen. Versuchen Sie, in einem Tempo zu gehen, bei dem Sie immer noch gleichmäßig atmen und ein Gespräch führen können.

Schwierigkeitsgrad:	Ziemlich einfach (hängt davon ab, ob Sie sich gerne bewegen)
Kosten:	Keine
Zeitaufwand:	30 Minuten
Wirkung:	Bessere Durchblutung und Beweglichkeit; außerdem tun Sie damit etwas für Herz und Kreislauf

21. Sauna

In der Sauna schwitzt man Giftstoffe heraus, verbrennt Kalorien und hat hinterher eine strahlend schöne Haut. Außerdem regen regelmäßige Saunabesuche das Immunsystem an und entspannen die Muskeln. Sie sehen: Das Saunieren bringt Ihnen eine Menge Vorteile!

Die Haut ist das größte Ausscheidungsorgan des Körpers. Durch das Schwitzen werden Toxine ausgeschieden und Hautunreinheiten beseitigt. Außerdem steigt in der Sauna unsere Körpertemperatur, was zur Abtötung von Viren, Bakterien, Pilzen und Parasiten im Körper beitragen kann.

Ein Saunabesuch kann mehr für die Reinigung, Entgiftung und Regeneration Ihrer Haut bewirken als alles andere. Durch die Hitze öffnen sich die Poren, Giftstoffe und Hautunreinheiten werden herausgespült. Außerdem wird Ihre Haut in der Sauna mit Feuchtigkeit versorgt – besonders wichtig für Menschen mit trockener Haut. Eine meiner Klientinnen ist durch regelmäßiges Herausschwitzen von Giftstoffen in der Sauna sogar ihre Akne losgeworden!

Ein Saunagang regt den Stoffwechsel an, was zu einer Gewichtsabnahme führt. Während eines Saunaaufenthalts von 15 bis 20 Minuten kann man 300 bis 500 Kalorien verbrennen, was einem ein- bis zweistündigen flotten Spaziergang oder einem einstündigen Ausdauertraining entspricht.

Die hohen Temperaturen in der Sauna erzeugen eine Art künstliches Fieber, das ein »Alarmsignal« an unser Immunsystem sendet, woraufhin dieses die Anzahl der weißen Blutkörperchen erhöht.

Gleichzeitig erwärmt und lockert die Hitze verspannte Muskeln. Diese Entspannung baut Stress ab, sorgt für mehr geistige Klarheit und wirkt sich positiv auf Ihre allgemeine körperliche und emotionale Gesundheit aus.

Die gesündeste Saunaform ist die Infrarotsauna, die eine sogenannte Strahlungswärme erzeugt. Die Hitze der Infrarotsauna dringt tiefer in den Körper ein, wird aber nicht als so anstrengend und unangenehm empfunden wie eine konventionelle Dampfsauna. In der Infrarotsauna ist das Schweißvolumen zwei- bis dreimal höher, und aufgrund der niedrigeren Temperaturen (45 bis 55 °C) stellt diese Form der Sauna eine gefahrlosere Alternative für Menschen mit erhöhtem Herz-Kreislauf-Risiko dar. Sie beschleunigt den Abtransport giftiger Schlackenstoffe aus dem Fettgewebe. Außerdem trägt das durch die Tiefenwärme erzeugte Schwitzen zur Lösung abgestorbener Hautzellen bei und erhöht den Hauttonus und die Elastizität der Haut. Daher wirkt sich die Infrarotsauna besonders günstig auf verschiedene Hauterkrankungen wie Akne, Neurodermitis und Cellulite aus. Und nicht zuletzt haben wissenschaftliche Untersuchungen gezeigt, dass man während eines 30-minütigen Aufenthalts in der Infrarotsauna 600 Kalorien verbrennen kann!

Ich gehe gerne mehrmals pro Woche in die Sauna, weil sich das sowohl auf die Gesundheit als auch auf die Schönheit sehr positiv auswirkt.

WARNHINWEISE:

- Durch das Schwitzen in der Sauna verliert der Körper viel Flüssigkeit. Deshalb ist es wichtig, vor und nach jedem Saunagang viel Wasser zu trinken.

- Falls Sie unter Herz-Kreislauf-Problemen, empfindlicher Haut oder Asthma leiden oder schwanger sind, sollten Sie vor dem Saunabesuch Ihren Arzt um Rat fragen.

Schwierigkeitsgrad: Kann anstrengend und ziemlich heiß sein, also achten Sie auf eine ausreichende Flüssigkeitszufuhr!

Kosten: Der Eintritt kostet (je nach Ausstattung der Sauna) ab 15 Euro; in manchen Fitnessstudios ist der Saunabesuch im Preis inbegriffen.

Zeitaufwand: 20 bis 30 Minuten pro Saunagang; am besten sind ein bis zwei Besuche pro Woche.

Wirkung: Entgiftung, Gewichtsabnahme, strahlend schöne Haut; Stärkung des Immunsystems; Muskelentspannung

TEIL 3

DAS EHGDB-SYSTEM, MIT DEM SIE DAUERHAFT ABNEHMEN KÖNNEN

Nachdem Sie das 30-Tage-Programm absolviert haben, sollten Sie sich als Nächstes mit dem EHGDB-System beschäftigen – einer Philosophie zur dauerhaften Gewichtsabnahme, mit der Sie garantiert Ihr Wunschgewicht erreichen werden. Die Essenspläne für das 30-Tage-Programm lassen Ihnen wenig Freiraum: Bei diesem Programm wissen Sie genau, was Sie jeden Tag essen und trinken sollen und welche Snacks erlaubt sind. Das EHGDB-System geht die Gewichtsreduktion aus einer viel umfassenderen Perspektive an und befasst sich mit komplexeren Themen wie beispielsweise einem ausgewogenen Hormonhaushalt und der Psychologie des Abnehmens. Die meisten Menschen starten ihre Gewichtsreduzierung mit der 10-tägigen Grüne-Smoothies-Entschlackungskur und machen dann mit dem 30-Tage-Programm weiter, um zu lernen, wie man noch weiter abnehmen kann, indem man ein Leben lang Mahlzeiten durch grüne Smoothies ersetzt. Wenn Sie Ihr Idealgewicht erreichen möchten, bietet das EHGDB-System Ihnen alle neuen Erkenntnisse zum Thema Abnehmen, die bei den herkömmlichen Diäten leider oft übersehen werden – zum Beispiel Empfehlungen zur Entschlackung und Informationen darüber, wie ein ausgewogener Hormonhaushalt und regelmäßige Bewegung Ihnen beim Abnehmen helfen können. Damit sollte es Ihnen gelingen, so viel Gewicht zu verlieren, wie Sie möchten, und anschließend auch dauerhaft schlank zu bleiben.

»EHGDB« STEHT FÜR:

- *ENTSCHLACKUNG:* Entscheiden Sie sich für eine der vielen in diesem Buch beschriebenen Entgiftungsmethoden.

- *HORMONELLES GLEICHGEWICHT:* Wer seinen Hormonhaushalt optimiert, nimmt leichter ab.

- *GESUNDE ERNÄHRUNG:* Essen Sie gesunde, vollwertige, unverarbeitete Lebensmittel.

- *DISZIPLIN:* Entwickeln Sie die richtige Einstellung, um Ihre Motivation nicht zu verlieren.

- *BEWEGUNG:* Achten Sie auf regelmäßige körperliche Aktivität.

Mit dem EHGDB-System nimmt man leichter ab und Fettpölsterchen schmelzen dahin wie Butter in der Sonne – vor allem an Problemzonen wie Hüften, Bauch und Oberschenkeln. Durch Entgiftung und den Verzehr gesunder, naturbelassener Lebensmittel können Sie Ihr Wunschgewicht erreichen. Selbst wenn Übergewicht bei Ihnen in der Familie liegt, können Sie Ihre Gene mit dieser neuen Strategie zur Gewichtsreduzierung überlisten. An seiner erblichen Veranlagung kann man zwar nichts ändern; doch durch vernünftige Ernährung kann man seine Körperfunktionen positiv beeinflussen und seinen Gesundheitszustand optimieren.

Das EHGDB-System ist ein umfassendes Gewichtsmanagementprogramm, mit dessen Hilfe Sie Ihren Körper von alten Giftstoffen (Toxinen) und Stoffwechselschlacken befreien können, die zu übermäßigen Fettablagerungen beitragen. Wenn Sie sich mit diesem System befassen, erfahren Sie vieles, was die meisten Menschen nicht wissen – Informationen, für die Prominente bei berühmten Ärzten Tausende von Dollars hinblättern. Sie werden lernen, wie man seinen Körper entgiftet und sich richtig ernährt, um abzunehmen und sich bester Gesundheit zu erfreuen.

Dabei dürfen Sie ruhig schmackhafte, sättigende Speisen wie beispielsweise grüne Smoothies zu sich nehmen. Ich bin der Meinung, dass wir unser Essen genießen sollen und dass es uns nicht nur zu guter Gesundheit, sondern auch zu einem schlanken Körper verhelfen sollte. Wenn Sie sich an das EHGDB-System halten, bieten Sie Ihrem Körper genau die hochwertige Ernährung, die er während seiner Entschlackungskur braucht. So kann er Vitamine, Mineralien und andere Nährstoffe besser aufnehmen, Ihre Zellen erneuern sich, und Sie werden sich jünger fühlen und auch so aussehen. Denn wenn Ihr Gewebe sich strafft, wirkt auch Ihre Haut jugendlicher. Sie werden von innen heraus gesünder!

Entschlackung

Das EHGDB-System umfasst verschiedene Entschlackungsmethoden, mit deren Hilfe Sie Ihren Körper regelmäßig von Giftstoffen befreien können; dadurch nimmt man gleichzeitig auch ab. Manche Leserinnen und Leser haben ihren Körper bereits mithilfe der 10-tägigen Grüne-Smoothies-Entschlackungskur oder anderer in Teil 2 dieses Buches beschriebener Methoden entgiftet. Denken Sie daran: Solche Entschlackungsverfahren müssen in regelmäßigen Zeitabständen immer wieder aufs Neue durchgeführt werden!

WARUM ENTGIFTEN?

Viele Menschen machen eine Diät nach der anderen, weil ihre Abnehmerfolge nie lange anhalten – unabhängig davon, welche Prinzipien (eiweißreich, kohlenhydratarm etc.) bei ihrer Diät im Vordergrund standen. Doch wie ich bereits in Teil 2 erläutert habe, wird bei den meisten herkömmlichen Diäten ein wichtiger Faktor übersehen, ohne den man nicht dauerhaft abnehmen kann: Man muss seinen Körper nämlich auch von Giftstoffen befreien. Ohne diese Entgiftung wird das Abnehmen sehr schwierig. Je mehr Giftstoffen Sie (beispielsweise durch Ihre Ernährung) tagtäglich ausgesetzt sind, umso mehr davon werden in Form von Fettzellen in Ihrem Körper gespeichert. Und solche Fettzellen wird man durch eine Diät allein in der Regel nicht los. Daher müssen Sie Ihren Körper zunächst einmal entgiften, um abnehmen zu können. Wenn der Organismus mit Toxinen überlastet ist, nutzt er die Energie, die er normalerweise für die Verbrennung von Kalorien aufwenden würde, stattdessen dafür, sich zu entgiften. Wenn Sie ihm diese Arbeit abnehmen, indem Sie regelmäßig Entgiftungskuren durchführen, kann er die Energie für die Fettverbrennung nutzen – und das ist genau das, was wir erreichen möchten.

Nur durch regelmäßige Entschlackung können Sie Ihren Körper von den in Fettzellen gespeicherten Toxinen befreien. Durch Einsparen von Kalorien kann man seinen Körper nicht entgiften. Wenn Sie also dauerhaft abnehmen wollen, müssen Sie Ihr Augenmerk auf die Entschlackung und Entgiftung Ihres Körpers richten. Sobald Sie Ihren Organismus von diesen Giftstoffen befreit haben, kann er seine Nahrung wieder optimal verstoffwechseln, ohne dass in Ihrem Körper Schlacken zurückbleiben, die zu einer erneuten Gewichtszunahme führen.

WAS SIND TOXINE EIGENTLICH?

Diese Frage stellt man mir oft, und normalerweise antworte ich darauf, dass Toxine (Giftstoffe) krank und dick machen! Sie sind das fehlende Puzzleteil, das erklärt, warum viele Menschen sich so müde und krank fühlen und es einfach nicht schaffen abzunehmen.

Ein Giftstoff oder Toxin ist eine Substanz, die unseren Körper oder Geist reizt oder schädigt. Leider sind sie allgegenwärtig – unbewusst stopfen wir sie tagtäglich in uns hinein. Es gibt zwei verschiedene Arten von Giftstoffen: Umwelttoxine und innere Toxine.

- Umwelttoxine befinden sich außerhalb unseres Körpers und Gehirns. Dazu gehören beispielsweise Umweltverschmutzung, Smog, verschreibungspflichtige Medikamente, Antibabypillen und andere dem Körper künstlich zugeführte Hormone sowie Haushaltsreiniger, Lebensmittelzusatzstoffe und Pestizide.

- Innere Toxine befinden sich innerhalb unseres Körpers bzw. Gehirns. Dazu gehören unter anderem eine übermäßige Besiedelung mit Bakterien oder Pilzen, Parasiteninfektionen, chronische Ängste oder Sorgen, Nahrungsmittelallergien und zahnärztliche oder medizinische Implantate, z. B. infolge von kosmetischen Operationen, Gelenkersatzoperationen oder quecksilberhaltigen Zahnfüllungen.

Es ist schwierig, solchen Giftstoffen aus dem Weg zu gehen, doch Sie können Ihrem Körper helfen, sie wieder auszuscheiden. Jeder Mensch auf diesem Planeten schleppt Rückstände von toxischen Chemikalien oder Schwermetallen mit sich herum, die sich in seinem Gewebe abgelagert haben. Seit Beginn des 20. Jahrhunderts wurden auf der Welt über 80.000 neue Chemikalien eingeführt, von denen die meisten niemals auf ihre Sicherheit oder ihre Wechselwirkungen mit dem menschlichen Körper hin untersucht worden sind. Unsere Luft und unsere Gewässer sind verschmutzt, und unsere Lebensmittel enthalten statt wertvoller Nährstoffe jede Menge giftiger Chemikalien und Hormone. Und nicht nur das: Auch unsere Gedanken und unsere Herzen werden leider nur allzu oft vergiftet. Deshalb sind Entgiftungskuren gut für Geist, Körper und Seele.

Toxine belasten den Körper so stark, dass sie sogar zu Funktionsstörungen unserer Körpersysteme führen können. Ablagerungen von Giftstoffen, die lebenswichtige Organe und andere Systeme überlasten, können eine ganze Reihe gesundheitlicher Probleme verursachen: Abgeschlagenheit, Gedächtnisverlust, vorzeitiges Altern, Hautausschlag/Akne, Ängste, depressive Verstimmungen, Arthritis, Hormonstörungen, chronische Müdigkeit, emotionale Störungen, Muskel- und Gelenkschmerzen, Krebs, Herz-Kreislauf-Erkrankungen und vieles andere mehr.

Als ich im Alter von über 30 Jahren plötzlich zunahm, erfuhr ich, dass mein Stoffwechsel sich zwar aufgrund des Alterungsprozesses allmählich verlangsamte, dies aber nicht der Grund für meine hartnäckigen Gewichtsprobleme war. Denn meine überzähligen Pfunde waren nicht nur auf zu viel Fett zurückzuführen, sondern hauptsächlich auf Gift- und Abfallstoffe in meinem Körper, entstanden durch jahrelange falsche Ernährung, die wiederum zu Entzündungsprozessen, Wasseransammlungen im Körper und Schlacken im Darm geführt hatte.

Wir sollten uns klarmachen, dass wir alle solche Giftstoffe mit uns herumschleppen – das ist einer der Hauptgründe, warum so viele Menschen übergewichtig sind. Aber natürlich bedeutet Übergewicht noch nicht automatisch, dass Ihr Körper mit Giftstoffen überlastet ist – ebenso wenig wie Schlankheit eine Garantie für das Gegenteil ist. Doch es kommt nur selten vor, dass ein übergewichtiger Mensch, der seinen Körper von überschüssigen Giftstoffen befreit, nicht abnimmt. Jeder Mensch muss (unabhängig von seinem Gewicht) das Ausmaß seiner individuellen Giftstoffbelastung herauszufinden versuchen. Denken Sie daran, dass Sie Ihren Körper noch nicht automatisch entgiften, wenn Sie einfach nur abnehmen, indem Sie Diät halten oder sich mehr bewegen! Denn dann nimmt Ihr Körper die Toxine einfach wieder auf und bildet neue Fettzellen, die Sie dauerhaft am Abnehmen hindern.

Folgende Symptome deuten auf eine übermäßige Belastung des Körpers mit Giftstoffen hin:

- Aufgeblähter Bauch, Blähungen
- Verstopfung
- Verdauungsstörungen
- Energielosigkeit, Müdigkeit und Abgeschlagenheit
- »Brain Fog«/Depressive Verstimmung
- Gewichtszunahme
- Chronische Schmerzen
- Häufige Infektionen
- Allergien
- Kopfschmerzen

Einer der häufigsten Irrtümer unserer heutigen Zeit ist, dass unser Körper sich selbst entgiften kann und dazu keine Hilfe braucht. Vielleicht haben Sie auch schon einmal gelesen oder gehört, dass der Körper Giftstoffe von allein ausscheiden kann. Natürlich versucht er das, aber wenn er mit zu vielen Toxinen überlastet ist, kommen seine Entgiftungssysteme mit ihrer Arbeit nicht mehr nach, und dann verlangsamt sich dieser Selbstreinigungsprozess des Organismus. Die Wahrheit ist: Sie können Ihrem Körper dabei helfen, Giftstoffe auszuscheiden, die der Gesundheit schaden und zur Gewichtszunahme führen! Wer länger leben und ein besseres Leben führen möchte, kann und sollte seinen Körper regelmäßig reinigen und entgiften. Denn Giftstoffe gibt es tatsächlich, aber zum Glück haben wir auch viele Möglichkeiten, unseren Körper davon zu befreien.

Meiner Meinung nach sollten wirksame Gewichtsreduktionsprogramme sich nicht nur auf den Fettverlust konzentrieren, sondern auch auf die Entgiftung. Entgiftung ist ein Reinigungsprozess des ganzen Körpers, bei dem Toxine ausgeschieden werden. Sie ist wichtig für den Fettverlust, weil viele Giftstoffe, die sich in unserem Körper abgelagert haben, in Fettzellen gespeichert sind. Wenn Sie Ihren

Körper entgiften, werden diese Toxine freigesetzt und ausgeschieden, sodass sie Sie nicht mehr krank und dick machen können. Daher werden Sie bei einer Gewichtsabnahme, die mit einer Entgiftungskur einhergeht, nicht nur Ihr Fett los – auch Ihr Gesundheitszustand und Ihr Wohlbefinden verbessern sich. In diesem Buch stelle ich Ihnen 21 verschiedene Entgiftungsmethoden wie beispielsweise Colon-Hydro-Therapie, Saunabesuche und Bürstenmassagen vor, mit deren Hilfe Sie die Belastung Ihres Körpers mit Giftstoffen reduzieren können, denn diese Toxine stehen einer dauerhaften Gewichtsabnahme im Weg.

Hormonelles Gleichgewicht

Mit dem EHGDB-System können sowohl Frauen als auch Männer lernen, ihre Hormone ins Gleichgewicht zu bringen, und auf diese Weise leichter abnehmen. Das System vermittelt Ihnen folgende Informationen:

- welche fünf Hormone eine Gewichtsabnahme verlangsamen und mit welchem Selbsttest man herausfinden kann, ob man zu viel von diesen Hormonen hat,

- anhand welcher Untersuchungen der Arzt Hormonstörungen feststellen kann und um welche Blut- oder Speicheltests Sie ihn zu diesem Zweck bitten sollten,

- mit welchen Nahrungsergänzungsmitteln und sonstigen natürlichen Behandlungsmethoden Sie Ihren Hormonhaushalt optimieren können, um leichter abzunehmen,

- und wie Sie Hormonstörungen gemeinsam mit Ihrem Arzt behandeln können, um Ihre überzähligen Pfunde endlich zum Schmelzen zu bringen.

Bei vielen abnehmwilligen Menschen ist das Mantra »Weniger essen – mehr bewegen« wirkungslos. Wir wissen, dass die kohlenhydratarmen und fettarmen Modediäten der Achtziger- und Neunzigerjahre nicht viel gebracht haben. Zum Glück verfügen wir mittlerweile über bessere wissenschaftliche Informationen zu einem wichtigen Faktor, der beim Abnehmen helfen kann – und das ist ein ausgewogener Hormonhaushalt.

Willkommen in der spannenden Welt Ihrer Hormone – jener Botenstoffe, die Ihren Appetit, Ihren Stoffwechsel und damit auch Ihre Gewichtszu- oder -abnahme steuern! Wenn Sie eine Frau über 35 Jahren sind, gibt es drei wichtige Geschlechtshormone, die bei der Gewichtszunahme eine Rolle spielen: Östrogen, Progesteron und Testosteron.

Es ist wichtig zu wissen, welche Rolle Hormone bei der Aufrechterhaltung unseres Gewichts spielen. Deshalb möchte ich hier ein paar der ausführlichen Informationen zu diesem Thema aus meinem Buch *Abnehmen ohne Diät und Sport* kurz zusammenfassen: Hormone steuern fast alle Aspekte unserer Gewichtszu- oder -abnahme. Manche Hormone flüstern Ihnen ein, dass Sie Hunger haben, andere sagen Ihnen, dass Sie satt sind; wieder andere verraten Ihrem Körper, was er mit der aufgenommenen Nahrung anfangen soll – ob er sie als Brennstoff zur Energiegewinnung verwenden oder in Form von Fett speichern soll, was zu einer Gewichtszunahme führt. Hormone regulieren die Verstoffwechselung von Fett. Deshalb können Sie Ihr Gewicht unter Kontrolle halten, indem Sie für einen ausgewogenen Hormonhaushalt sorgen.

Hormone beeinflussen Ihre Emotionen, Ihr Aussehen und – was am allerwichtigsten ist – eben auch Ihr Gewicht und Ihren Gesundheitszustand. Menschen mit ausgewogenem Hormonhaushalt sehen gut aus, sind gesund und voller Kraft und Vitalität. Ein unausgewogener Hormonhaushalt dagegen führt zu Stimmungsschwankungen, Heißhunger auf ungesunde Lebensmittel, Trägheit und Lethargie.

Wie bereits erwähnt, habe ich vor einiger Zeit mehr oder weniger über Nacht (innerhalb von nur ein paar Monaten) ohne erkennbaren Grund 15 Kilo zugenommen. Wenn ich einen Big Mac aß, wog ich am nächsten Morgen gleich ein Pfund mehr. Doch inzwischen kann ich problemlos 2000 Kalorien in Form nährstoffreicher Lebensmittel zu mir nehmen, ohne mich zu bewegen, und mein Gewicht dennoch halten. Ohne fein austarierten Hormonhaushalt, der meinen Stoffwechsel beschleunigt und dafür sorgt, dass mein Körper Fett verbrennt, statt es zu speichern, wäre das wohl kaum möglich. Ich bin froh darüber, jetzt einen so aktiven, gut funktionierenden Stoffwechsel zu haben, doch früher haben meine Hormone jahrelang gegen mich gearbeitet. Damals wusste ich noch nicht viel über Hormone, doch inzwischen habe ich genügend Informationen darüber, um dafür zu sorgen, dass sie mir bei der Erreichung meiner Ziele helfen.

HORMONE REGULIEREN IHREN APPETIT

Es gibt Hormone, die das Hunger- und Sättigungsgefühl im Gehirn steuern. Diese Hormone sind für eine dauerhafte Gewichtskontrolle von entscheidender Wichtigkeit. Wenn Sie niemals Hunger hätten, würde Ihnen das Abnehmen bestimmt nicht schwerfallen. Wenn Sie die Hormone, die durch Ihre Ernährung beeinflusst werden, unter Kontrolle halten, werden Sie zwischen den Mahlzeiten keinen Hunger bekommen und genügend Brennstoff und Energie für den ganzen Tag haben. Das beschleunigt den Fettverlust.

Hunger ist einer unserer stärksten Triebe. Wenn Sie Hunger haben, ist alles andere zweitrangig. Sie werden nur noch von dem Gedanken beherrscht, etwas zu sich zu nehmen. Denn Ihr Gehirn verlangt dringend nach der Energie, die es braucht, um richtig funktionieren zu können.

Es gibt auch Hormone, die Ihr Gewicht regulieren (diese werden häufig als Stoffwechselhormone bezeichnet). Außerdem gibt es Neuropeptide (chemische Gehirnbotenstoffe) und Zytokine (Botenmoleküle des Immunsystems), die in Fett- und Leberzellen und weißen Blutkörperchen gebildet werden. All diese körpereigenen Substanzen kommunizieren mit den Organen und Geweben, die unser Gewicht regulieren und uns am Leben erhalten. Läuft diese Kommunikation richtig ab, so ist unser Stoffwechsel gesund. Von diesen fein aufeinander abgestimmten Systemen hängen also Ihr Gesundheitszustand und Ihr Stoffwechsel ab. Sie sagen Ihnen, dass Sie satt sind und mit dem Essen aufhören sollen – und das wirkt sich wiederum darauf aus, ob Sie zu- oder abnehmen.

Und nun wollen wir uns einmal mit der Arbeitsweise dieser Botenstoffe beschäftigen. Wenn Ihr Magen leer ist, schüttet einer Ihrer chemischen Boten Hormone aus, die Ihrem Körper und Gehirn signalisieren, dass Sie Hunger haben. Daraufhin bereitet das Gehirn den Magen auf die Nahrungsaufnahme vor. Sobald die Nahrung in Ihrem Darm eintrifft, werden Hormone freigesetzt, die den Darm auf die Verdauungstätigkeit einstimmen. Und sobald die Nahrungspartikel in den Blutstrom übertreten, koordinieren weitere Botenstoffe Ihren Stoffwechsel und geben Ihrer Bauchspeicheldrüse den Befehl, Insulin zu bilden. Ihre Fettzellen senden hormonelle Botschaften zurück ans Gehirn, mit dem Essen aufzuhören, gleichzeitig treffen dort auch Sättigungssignale von Ihrem Magen ein. Daraufhin verstoffwechselt oder verarbeitet Ihre Leber Fett und Zucker, die dann als Energielieferanten genutzt werden können – wobei alles, was der Körper nicht auf diese Weise verwertet, in Form von Fett gespeichert wird.

Wenn diese Hormone nicht synchron miteinander arbeiten, kann Ihr Körper seine Funktionen nicht richtig erfüllen. Sie müssen also das *Zusammenwirken* Ihrer Hormone optimieren, statt sich um jedes Hormon einzeln zu kümmern, denn dazu sind sie zu eng miteinander verflochten: Wenn ein Hormon aus dem Gleichgewicht gerät, entstehen automatisch auch andere biochemische Ungleichgewichte in Ihrem Körper.

FÜNF HORMONSTÖRUNGEN, DIE DIE GEWICHTSABNAHME VERLANGSAMEN

- Insulinresistenz
- Schilddrüsenunterfunktion
- Östrogendominanz
- Polyzystisches Ovarialsyndrom (PCOS)
- Zu hoher Kortisolspiegel

Wenn Sie sich mit dem EHGDB-System beschäftigen und Ihre Hormone untersuchen lassen, können Sie diese fünf Hormonstörungen erkennen und erfahren, was man dagegen tun kann. Sobald Sie Ihren Hormonhaushalt ins Gleichgewicht bringen, wird Ihnen auch das Abnehmen leichter fallen.

Chronische Hormonstörungen führen nicht nur zu einer Gewichtszunahme, sondern auch zu Stimmungsschwankungen, Müdigkeit und Abgeschlagenheit. Dann müssen Sie Ihren Körper – und auch Ihre Küche und Ihren Haushalt – von den Gift- und Abfallstoffen befreien, die Sie dick machen. Als Nächstes müssen Sie Ihrem Körper gesunde Nahrungsmittel zuführen, die Ihren Stoffwechsel in eine Fettverbrennungsmaschine verwandeln. Wenn Sie von allen oben erwähnten Hormonen weder zu viel noch zu wenig haben, befindet Ihr Körper sich auf der Höhe seiner Leistungsfähigkeit, und dann wird es für Sie auch kein Problem sein, Ihr gesundes Idealgewicht zu halten.

Um herauszufinden, ob Sie unter Hormonstörungen leiden, sollten Sie sich von einem auf dieses Fachgebiet spezialisierten Arzt beraten lassen, der mithilfe von Laboruntersuchungen Ihre Hormonspiegel ermitteln kann. Am häufigsten werden zu diesem Zweck Blut- und Speicheluntersuchungen durchgeführt.

Nähere Erläuterungen zu den Auswirkungen von Hormonen auf das Gewicht finden Sie in meinem Buch *Abnehmen ohne Diät und Sport*.

Gesunde Ernährung

Nun wollen wir uns dem Thema ERNÄHRUNG zuwenden. Wenn Sie sich an das EHGDB-System halten, werden Sie sich nicht einfach nur gesund ernähren, sondern Ihren Körper wieder dazu erziehen, Appetit auf gesunde, naturbelassene Lebensmittel zu haben. Mit diesem System brauchen Sie nie wieder Kalorien zu zählen oder sich an teure Diätplane mit fad schmeckenden Mahlzeiten zu halten.

Wenn Sie sich hauptsächlich von naturbelassenen, vollwertigen, rohen oder Bio-Lebensmitteln ernähren, kann Ihr Körper diese Nahrung besser verdauen und verstoffwechseln. Denn gesunde Lebensmittel erkennt er und kann sie problemlos aufspalten, während er unnatürliche Zutaten und Speisen nicht in ihre Nahrungsbausteine zerlegen kann; daher führen solche künstlichen Lebensmittel zu Gewichtszunahme, Blähungen und anderen Problemen. Die gesündesten Lebensmittel sind gleichzeitig auch am leichtesten verdaulich – sie lassen sich leicht aufspalten und verwerten, und danach bleiben kaum Giftstoffe oder Stoffwechselschlacken im Körper zurück.

Das Ziel des EHGDB-Systems besteht in einer gesunden, ausgewogenen Ernährung. Dabei sollte man hauptsächlich naturbelassene, vollwertige, rohe oder Bio-Lebensmittel zu sich nehmen, die der Körper gut verdauen und als Energiequelle nutzen kann, ohne dass dabei übermäßig viele Gift- oder Abfallstoffe entstehen, die den Organismus belasten. Dazu gehören zum Beispiel magere Eiweißquellen, »gute« Kohlenhydrate und gesunde Fette. »Ausgewogene Ernährung«

bedeutet, dass Sie immer dann, wenn Sie ein Kohlenhydrat verzehren, gleichzeitig auch etwas Eiweißhaltiges zu sich nehmen sollten. Das ist eine ganz einfache, aber wirksame Methode, um Insulinspitzen vorzubeugen und dem Körper bei der Fettverbrennung zu helfen.

Sicherlich haben Sie auch schon eine Menge darüber gehört, wie wichtig es ist, sich »vollwertig« zu ernähren. Aber was sind vollwertige Lebensmittel eigentlich? Solche Produkte sind frisch, unverarbeitet und mehr oder weniger naturbelassen – zum Beispiel Bohnen, Gemüse, Vollkorn, Obst, Nüsse und Kerne. Wie gesagt: Je schneller der Körper Nahrungsmittel aufspalten und verdauen kann, umso weniger Abfallstoffe bleiben zurück, die dann letzten Endes zu Fettzellen werden. Und je länger der Körper für die Aufspaltung und Verdauung seiner Nahrung braucht, umso länger bleibt man satt.

Man liest auch viel über Bio-Lebensmittel, die frei von chemischen Konservierungsmitteln und sonstigen Zusatzstoffen, Hormonen, Pestiziden und Antibiotika sind. Frische Bio-Lebensmittel enthalten viel weniger Giftstoffe als stark verarbeitete und abgepackte Lebensmittel oder Tiefkühlprodukte. Lebensmittel aus biologischem Anbau sind gesund, helfen Ihnen beim Halten Ihres Idealgewichts und entgiften gleichzeitig Ihren Körper. Frisches Obst, Gemüse, Fleisch und frische Vollkornprodukte in Bioqualität sind am gesündesten. Tiefkühlobst und -gemüse enthalten zwar immer noch viele Vitamine und sind oft auch mit weniger Konservierungsstoffen belastet als abgepackte Lebensmittel und Konserven, doch fehlen diesen Lebensmitteln wichtige Enzyme, die der Körper braucht, um sie richtig verdauen zu können. Tiefgekühlte Fertigmahlzeiten und sonstige Fertigprodukte, abgepackte Lebensmittel und Konserven sind am ungesündesten, da sie oft viel Zucker, Salz, Konservierungsstoffe und ungesunde Fette enthalten.

DIE DREI WICHTIGSTEN BAUSTEINE EINER GESUNDEN ERNÄHRUNG

Man hört immer wieder, dass eine erfolgreiche Gewichtsabnahme zu 80 Prozent von der Ernährung abhängt. Beim EHGDB-System sind magere Eiweißquellen, »gute« Kohlenhydrate und gesunde Fette die drei wichtigsten Nahrungsbausteine. Was Sie essen, ist der wichtigste Faktor für Ihren Abnehmerfolg. Man kann sich noch so viel bewegen – wenn man seinem Körper nicht die Lebensmittel und Nährstoffe zuführt, die er braucht, wird man sein Wunschgewicht nicht (oder jedenfalls nur sehr langsam) erreichen. Die richtige Ernährung ist das unverzichtbare Fundament, ohne das man nicht schlank bleiben kann. Gesunde, ausgewogene Mahlzeiten mit mageren Eiweißquellen, guten Kohlenhydraten und gesunden Fetten helfen Ihnen beim Abnehmen und sorgen dafür, dass Sie Ihr Zielgewicht anschließend auch halten.

Im Lauf der Jahre habe ich die Erfahrung gemacht, dass die meisten Menschen den Unterschied zwischen Eiweiß, Kohlenhydraten und Fetten nicht kennen.

Viele wissen zum Beispiel nicht, dass Obst und Gemüse zu den Kohlenhydraten zählen. Man sollte alle Lebensmittel in Eiweiße, Kohlenhydrate und Fette einteilen. Diese Information ist für ein langfristiges Gewichtsmanagement von entscheidender Wichtigkeit, denn jeder dieser drei Nahrungsbausteine wirkt sich anders auf Ihren Hormonhaushalt und damit auch auf Ihr Gewicht aus.

- Magere Eiweißquellen: Eiweiß ist einer der wirksamsten Nährstoffe, um den Stoffwechsel anzukurbeln und Muskeln aufzubauen. Eiweiß regt die Verbrennung von Kalorien während des Verdauungsprozesses an und trägt zum Muskelaufbau bei. (Muskeln fördern ebenfalls die Kalorienverbrennung.) Gute Beispiele für magere Eiweißquellen sind Eier, Fisch, mageres Geflügel oder Rindfleisch (am besten in Bioqualität bzw. Fleisch von frei laufenden, grasgefütterten Tieren).

- Gute Kohlenhydrate enthalten am meisten wichtige Nährstoffe, die Sie gesund erhalten, Ihnen Energie schenken und Ihren Stoffwechsel anregen (vor allem, wenn es sich um Kohlenhydrate aus naturbelassenen Lebensmitteln handelt). Gute Beispiele hierfür sind Obst, Gemüse, Vollkornprodukte, Bohnen, Nüsse und Kerne. Als »schlechte« Kohlenhydrate gelten Kartoffeln, Brot, Teigwaren usw.

- Gesunde Fette (die auch unter der Bezeichnung »ungesättigte Fette« bekannt sind) enthalten Omega-3-Fettsäuren, die den Stoffwechsel ankurbeln und dafür sorgen, dass Ihr Körper Fett schneller verbrennen kann. Gute Beispiele dafür sind Fischöl, natives Olivenöl extra, kalt gepresste Pflanzenöle wie Traubenkern- oder Sesamöl, Nüsse, Kerne und Kokosnüsse.

Wenn Sie sich mit dem EHGDB-System beschäftigen, lernen Sie Hunderte von natürlichen, vollwertigen, rohen und Bio-Lebensmitteln kennen. Diese Nahrungsmittel haben einen hohen Gehalt an Ballaststoffen und Omega-3-Fettsäuren und eignen sich hervorragend für Menschen, die abnehmen und gesund bleiben möchten.

Disziplin

Aber das EHGDB-System vermittelt Ihnen auch mentale Strategien für eine erfolgreiche Gewichtsreduktion. Bei der Gewichtsabnahme handelt es sich um einen Prozess – und der erfordert auch eine bestimmte innere Einstellung: Man muss sich darüber klar werden, was man an seiner Psyche verändern sollte, um nicht nur abzunehmen, sondern das erreichte Gewicht anschließend auch zu halten.

Abnehmen erfolgt zuerst einmal im Kopf und dann erst im Körper. Man kann sich tatsächlich »schlank denken«. Andererseits kann man noch so viel über gesunde Ernährung lernen – ohne die richtige Einstellung und Disziplin wird man sein Ziel nicht erreichen.

In den letzten zwei Jahren habe ich Menschen beim Abnehmen von über einer Million Kilo geholfen und dabei beobachtet, wie manche die richtige innere Einstellung entwickelten und ihre Gewichtsabnahmeziele erreichten, während andere bis zum heutigen Tag immer wieder 10 Kilo abnehmen und anschließend wieder zunehmen. Manche Menschen entwickeln also tatsächlich die mentalen Strategien, die Zielstrebigkeit und Disziplin, die man für eine erfolgreiche Gewichtsabnahme braucht.

Diese psychologischen Strategien helfen Ihnen, sich darüber klar zu werden, ob Sie einfach nur an einer Gewichtsreduktion *interessiert sind* oder *fest vorhaben* abzunehmen. Woran erkennt man das? Wer wirklich fest zum Abnehmen entschlossen ist, tut alles dafür und nimmt auch die nötigen Opfer auf sich. Denn manchmal kann so ein Gewichtsreduktionsprogramm auch unbequem sein: Vielleicht bedeutet es zum Beispiel, dass Sie nicht mehr so oft mit Freunden essen gehen und nach Herzenslust schlemmen können wie bisher? Es kostet schon ein bisschen Zeit und Mühe, zu lernen, was Sie tun müssen, um abzunehmen – denn jeder Körper reagiert anders. Sie müssen wirklich konsequent sein – und zwar so lange, bis Sie Ihr Ziel erreicht haben. Die meisten Menschen scheitern mit ihren Abnehmversuchen nicht deshalb, weil ihnen das Abnehmen nicht so wichtig wäre, sondern weil ihnen die Konsequenz und Disziplin dazu fehlen.

EIN PAAR HILFREICHE PSYCHOLOGISCHE STRATEGIEN

Hier ein paar Tipps, die Ihnen helfen, motiviert und auf Ihr Ziel konzentriert zu bleiben:

Erheben Sie Ihre Gesundheit zur obersten Priorität. Beschließen Sie, dass Gesundheit zu den wichtigsten Dingen in Ihrem Leben gehören soll! Dieses Buch enthält alle Informationen, die Sie brauchen, um Ihr Leben zu ändern und sich und Ihren Körper zu optimieren. Egal, ob Sie einen Haushalt oder ein Unternehmen (oder beides) führen – machen Sie sich klar, dass heute Ihre Reise zu Ihrem faszinierendsten, schönsten Ich beginnt! Es ist höchste Zeit, Ihren Körper als das zu behandeln, was er ist – Ihr größtes Geschenk –, und der Mensch zu werden, zu dem Sie eigentlich bestimmt sind. Denn wenn Sie eine gesunde, positive Energie ausstrahlen, ziehen Sie Liebe, Freude, Erfolg, Wohlstand und andere wunderbare Dinge fast mühelos an. Bei jedem Kontakt mit anderen Menschen – bei der Arbeit, in der Kirche, zu Hause oder auf der Straße – können Sie eine magische Wirkung auf Ihr Gegenüber ausüben. Also werden Sie gesund, nehmen Sie ab, und Sie werden staunen, wie Ihr ganzes Leben sich dadurch positiv verändert!

Schreiben Sie auf, aus welchen Gründen Sie abnehmen möchten. Auf dieser Liste sollten Sie nicht nur Ihr Wunschgewicht vermerken, sondern auch andere Meilensteine wie mehr Energie, erholsameren Schlaf, weniger Heißhungerattacken. Nehmen Sie sich Zeit für diese Liste und achten Sie darauf, dass jeder dieser Gründe auch wirklich Ihren wahren Wünschen und Zielen entspricht. Ihre Gründe sollen Ihnen persönlich etwas bedeuten; es sollte dabei nicht einfach nur darum gehen, anderen Menschen zu gefallen. Machen Sie diese Gründe zu Ihren persönlichen Motivationsfaktoren! Lesen Sie Ihre Liste jeden Tag durch. Vielleicht möchten Sie sie sogar ins Internet stellen oder auf eine Karteikarte schreiben und in Ihre Brieftasche oder Ihr Portemonnaie stecken, damit Sie sie stets bei sich haben. Denn Sie müssen sich diese Motivationsfaktoren immer wieder in Erinnerung rufen, um Ihr Ziel nicht aus den Augen zu verlieren.

Visualisieren Sie Ihren gesunden, schlanken Körper. Können Sie sich vorstellen, wie Sie aussehen werden, wenn Sie schlanker und gesünder sind? Visualisieren Sie Ihren perfekten Körper und gewöhnen Sie sich an die Idee, dass Sie nach diesem Programm tatsächlich so aussehen werden. Alles im Leben besteht aus Energie – auch Ihre Gedanken. Positive Gedanken ziehen positive Energie an, negative Gedanken ziehen negative Energie an. Sie werden zu dem, was Sie denken. Wenn Sie sich in Gedanken als schlanken, gesunden Menschen sehen, werden Sie sich automatisch so verhalten, dass Sie diesem Ziel näherkommen. Also denken Sie nicht daran, dass Sie übergewichtig sind – denken Sie lieber ans Schlanksein! Stellen Sie sich vor, dass Sie einen sexy, attraktiven, vor Energie strotzenden Körper haben. Lassen Sie sich in Ihren Bemühungen um eine Änderung Ihres Essverhaltens von Ihren Gedanken unterstützen, dann werden Sie dabei schneller Fortschritte machen. Und alles in Ihrem Leben wird nicht gegen Sie, sondern für Sie arbeiten.

Führen Sie positive innere Dialoge. Unsere Gedanken und Gefühle beeinflussen unser Handeln, und unser Handeln wird zu unserer Realität. Denken Sie daran: Jetzt beginnt ein neues Kapitel in Ihrem Leben. Also gehen Sie am besten jetzt gleich auf diese Reise! Viele Menschen fragen sich: »Wie soll ich mit dem Abnehmen anfangen?«, oder: »Wie erreiche ich meine Ziele?«. Ganz einfach: Der beste Start in dieses Programm sind positive innere Dialoge. Hören Sie auf, schlecht über sich zu denken und zu reden! Sie sind nicht dick, faul, hässlich oder krank. Ihr wahres Ich ist von Natur aus schlank, schön und gesund. Mit negativen Urteilen über sich selbst ziehen Sie nur negative Menschen und Ereignisse an. Wenn Sie sich sagen, dass Sie es niemals schaffen werden, abzunehmen, haben Sie völlig recht: Mit dieser Einstellung wird Ihnen das tatsächlich nicht gelingen. Wenn Sie sich dagegen sagen: »Kein Problem, das kriege ich schon hin!«, glaubt Ihr Unterbewusstsein daran und inspiriert Sie zu Handlungen und Verhaltensweisen, die zu einer Gewichtsabnahme führen.

Machen Sie sich nicht verrückt, indem Sie jeden Tag auf die Waage steigen! Lassen Sie sich von der Waage in Ihrem Badezimmer nicht die Motivation rauben.

Die Ergebnisse häufiger Gewichtskontrollen werden Sie höchstens verwirren, denn unser Gewicht schwankt von Tag zu Tag. Also richten Sie Ihr Augenmerk lieber darauf, wie Ihre Kleider an Ihnen aussehen und sich anfühlen! Langfristig zeigt Ihre Waage durchaus das richtige Ergebnis an, doch wenn Sie sich jeden Tag wiegen, sind die Resultate sehr ungenau. Denn durch Veränderungen im Hormon- und Wasserhaushalt kann es immer wieder zu Gewichtsschwankungen kommen, die Sie nur unnötig enttäuschen werden. Dann zeigt Ihre Waage Ihnen eine Gewichtszu- oder -abnahme an, die in Wirklichkeit gar nichts zu bedeuten hat, denn die meisten Waagen können nicht zwischen Fett-, Muskel- und Wasseranteil unterscheiden. Außerdem schwankt Ihr Gewicht auch während des Tages um mehrere Pfund. Deshalb wird es Sie höchstens verwirren und entmutigen, zu oft auf die Waage zu steigen. Also nehmen Sie sich vor, sich nur einmal pro Woche zu wiegen, und zwar immer am selben Tag. Außerdem sollten Sie dazu stets dieselbe Kleidung – oder am besten gar keine – tragen. Achten Sie nicht nur auf die Pfunde, sondern auch darauf, was Ihr Zentimetermaß anzeigt, und darauf, wie Sie sich fühlen! Mit diesem Programm tun Sie sehr viel für Ihren Körper und Ihre Gesundheit. Früher oder später wird Ihre Waage unweigerlich das Gewicht anzeigen, das Sie sich wünschen. Sie können vollauf zufrieden sein, wenn Sie 1 bis 2 Pfund pro Woche abnehmen – nach zwei Monaten sind das schon 8 Kilo!

Konzentrieren Sie sich nicht nur aufs Abnehmen, sondern auch darauf, Körperfett zu verlieren. Denn es ist zwar ein gutes Gefühl, wenn die Waage ein paar Kilo weniger anzeigt, doch um in eine kleinere Kleidergröße hineinzupassen, müssen Sie Körperfett verlieren. Es ist schön, sich ein Gewichtsziel zu setzen, aber kontrollieren Sie auch Ihren Körperfettanteil und achten Sie darauf, welchen Prozentsatz Ihres Gesamtgewichts er ausmacht! Das ist wichtig, damit Sie auch wirklich Fett verlieren und keine Muskelmasse. Ein gesunder Körperfettanteil beträgt bei Männern zwischen 10 und 20 und bei Frauen zwischen 20 und 30 Prozent. Mit diesen Prozentsätzen bewegen Sie sich in einem sicheren, gesunden Körperfettbereich, der Ihr Krankheitsrisiko senkt. Wenn Sie bisher nur eine gewöhnliche Waage besitzen und Ihren genauen Körperfettanteil ermitteln möchten, investieren Sie ruhig Geld in eine Körperfettwaage, die Gewicht, Körperfettanteil und Muskelmasse misst und Ihnen auf diese Weise den besten Eindruck von Ihrem allgemeinen Gesundheitszustand vermittelt. Wenn Sie anfangen, regelmäßig Ihr Körperfett zu messen, können Sie genau verfolgen, ob Sie bei Ihrer Gewichtsreduktion auch wirklich das abnehmen, was Sie abnehmen möchten.

Machen Sie Fotos! Sich Vorher-nachher-Fotos von Ihrem Gesicht und Ihrem Körper anzuschauen, kann ungeheuer motivierend wirken. Natürlich werden Sie auch Komplimente von Freunden, Kollegen und Angehörigen zu hören bekommen, doch Ihren gesunden, schönen neuen Körper mit eigenen Augen zu sehen – dieses Erlebnis ist durch nichts zu ersetzen. Gesundheit ist wichtig, aber natürlich möchten Sie auch Ihr äußeres Erscheinungsbild verbessern. Das ist völlig verständlich.

Dass manche Menschen besonders attraktiv sind und sich besonders wohl fühlen, hat einen ganz einfachen Grund: Sie tun eben etwas dafür. Warum, glauben Sie, sehen Prominente auch in vorgerücktem Alter so blendend aus? Weil sie ständig an ihr Aussehen denken – schließlich hängt ihr Lebensunterhalt davon ab. Aber dazu braucht man kein Schauspieler oder Model zu sein: Jeder kann etwas dafür tun, in Bestform zu bleiben. Sie können sich beispielsweise vornehmen, statt Fastfood und Fertiggerichten nur noch gesunde, vollwertige Lebensmittel zu sich zu nehmen, sich regelmäßig zu bewegen, viel Wasser zu trinken und sich genügend Ruhe und Entspannung zu gönnen. Natürlich erfordert es eine Menge Arbeit und Disziplin, auch mit zunehmendem Alter noch blendend auszusehen – aber es lohnt sich!

Bewegung

Fangen Sie an, sich zu bewegen – auch wenn Sie keine Zeit oder Gelegenheit haben, ins Fitnessstudio zu gehen. Die meisten Menschen verbringen den größten Teil ihres Tages sitzend – im Auto, vor dem Fernseher oder Computer. Wir sitzen mindestens 14 oder 15 Stunden pro Tag, und darunter leidet unser Körper: Herz und Muskulatur werden schwächer, der Stoffwechsel verlangsamt sich. Früher haben wir uns ab und zu einmal hingesetzt, um uns eine Pause von unserem körperlich anstrengenden Arbeitsalltag zu gönnen, doch inzwischen verbringen wir mehr als 80 Prozent unserer Wachzeit im Sitzen.

Genau deshalb reichen unsere heutige Ernährung und unsere heutige Bewegung auch nicht aus, um gesund zu bleiben. Man kann nicht 15 Stunden am Tag sitzen und glauben, dass eine halbe Stunde auf dem Laufband (in der man nur ungefähr 250 Kalorien verbrennt) als körperliche Aktivität ausreicht. Wir sollten durch ständige Bewegung den ganzen Tag über Kalorien verbrennen. Und von Diäten, bei denen bestimmte Lebensmittelgruppen »verboten« sind, nimmt man meistens sowieso nicht ab, weil der Mensch alle drei Nahrungsbausteine – Fett, Eiweiß und Kohlenhydrate – braucht, um gesund und schlank zu bleiben. Unser Körper gedeiht nur, wenn er richtig ernährt wird, und nicht, wenn man ihm etwas vorenthält oder ihn womöglich gar aushungert. Noch vor 10 Jahren gab es nur halb so viele Fitnessstudios wie heute, und trotzdem waren nicht so viele Menschen übergewichtig. Denn vor 10 Jahren hat man sich noch mehr bewegt: beim Lebensmitteleinkauf, bei der Arbeit und in der Freizeit. Durch unser modernes elektronisches Zeitalter sind wir fauler geworden als je zuvor. Inzwischen gehen wir nicht einmal mehr ein paar Türen weiter, um einen Kollegen in seinem Büro aufzusuchen, sondern schicken ihm lieber eine E-Mail oder SMS. Wahrscheinlich sind unsere Finger inzwischen die einzigen Körperteile, in denen wir noch Muskelkraft und Ausdauer aufbauen. Daran muss sich unbedingt etwas ändern!

Wie gesagt: Das EHGDB-System ist kein Anti-Sport-Programm, und ich würde auch niemandem empfehlen, keinen Sport zu treiben. Sport ist für ein gesundes Herz-Kreislauf-System sehr wichtig, aber eben leider kein so relevanter Einflussfaktor beim Abnehmen. In diesem Buch geht es um die wirklich wichtigen Faktoren, mit denen man schnell und nachhaltig abnehmen kann: beispielsweise um eine gesunde, ausgewogene Ernährung mit naturbelassenen Lebensmitteln. Mehr körperliche Aktivität – kontinuierlich über den ganzen Tag verteilt – ist sehr wichtig, um überschüssiges Körperfett loszuwerden. Kurz gesagt: Wenn wir uns den ganzen Tag über kontinuierlich bewegen, kann unser Körper Kalorien besser verbrennen. Eigentlich ist die Sache also ganz einfach: Bewegen Sie sich mehr! Damit tun Sie nicht nur etwas für Ihre allgemeine Gesundheit, sondern nehmen auch schneller ab. Aber um sich zu bewegen, muss man nicht unbedingt ins Fitnessstudio gehen.

Das EHGDB-System umfasst verschiedene Möglichkeiten, im Rahmen unserer Alltagsaktivitäten Kalorien zu verbrennen, und bietet außerdem diverse Fitnesstipps. Man kann zum Beispiel Kalorien verbrennen, indem man hinter seinen Kindern herrennt, Gemeindemitglieder an ihre Plätze geleitet oder im Lebensmittelladen einkaufen geht. Bei diesem System sind Training und Besuche im Fitnessstudio einfach nicht die wichtigste Methode, körperlich aktiv zu werden. Wenn es Ihnen genauso geht wie mir, werden Sie wahrscheinlich sowieso kaum Zeit zum Trainieren haben. Und man ist auch nicht unbedingt ein körperlich aktiver Mensch, nur weil man eine Stunde lang im Fitnessstudio trainiert. Körperliche Aktivität sind unsere größeren und kleineren Bewegungen während des Tages.

Also konzentrieren Sie sich beim Thema Bewegung nicht nur auf das Fitnessstudio! Ihr Ziel besteht darin, ein paar einfache kleine Veränderungen an Ihrem persönlichen und beruflichen Leben vorzunehmen, die keine große Planung und keinen besonderen Einsatz erfordern. Eine meiner Klientinnen hat sich beispielsweise ein Mini-Cycle angeschafft: einen kleinen Pedaltrainer, den man auf den Boden stellt und auch unter den Schreibtisch schieben kann. Dieses Gerät wollte sie nutzen, während sie vor dem Fernseher saß und sich ihre Lieblingsserie anschaute – wobei sie den Widerstand ziemlich niedrig einstellte, damit das Training nicht zu anstrengend wurde. Und so strampelte sie während des Fernsehens ganz langsam und gemütlich, aber kontinuierlich vor sich hin – und nahm bereits in der ersten Woche ein Kilo ab. Also verdoppelte sie ihre Fernseh-Trainingszeit am Mini-Cycle und verlor in der nächsten Woche anderthalb Kilo. Dieses Training wurde ihr schnell zur Gewohnheit und fiel ihr auch gar nicht schwer, weil sie nach einer Weile in den Rhythmus hineingeriet und vergaß, dass sie immer noch strampelte.

Das EHGDB-System beinhaltet verschiedene einfache Methoden, in Bewegung zu kommen, ohne Sport treiben oder im Fitnessstudio trainieren zu müssen. Ich empfehle Ihnen hier einfach nur, so zu leben, wie es für uns Menschen vorgesehen ist: Nehmen Sie aktiv und engagiert am Leben teil! Stehen Sie aus Ihrem Sessel auf und leben Sie Ihr Leben. Den größten Teil Ihrer Gewichts- und Gesundheitsprobleme können Sie in den Griff bekommen, indem Sie die Bewegungstipps und die Ratschläge zur Entgiftung und zu einer gesunden, ausgewogenen Ernährung im Rahmen meines EHGDB-Systems beherzigen – und auf diese Weise werden Sie auch einen optimalen Gesundheitszustand erreichen. Sie werden Ihren neuen Körper und Ihre neu gewonnene Energie und Gesundheit genießen und sich so wohl fühlen wie noch nie zuvor. Begeistern Sie sich für Ihr neues Leben! Denn dabei geht es nicht nur ums Abnehmen, sondern um optimale Gesundheit und hundertprozentiges Wohlbefinden. Sie werden begeistert sein, wenn Sie sehen, wie sehr Ihr Körper sich dadurch verändert!

Mehr über das EHGDB-System erfahren Sie in meinem Buch *Abnehmen ohne Diät und Sport*.

Sie können natürlich auch meiner VIP-Gruppe unter www.JJSmithOnline.com beitreten.

Das Wichtigste auf einen Blick

- -

Herzlichen Glückwunsch dazu, dass Sie wieder die Kontrolle über Ihre Gesundheit und Ihr Gewicht übernehmen wollen, um ein optimales Leben zu führen! Sie sind auf dem richtigen Weg. Diese Reise wird Ihr Leben verändern – denn dabei handelt es sich *nicht* um eine Diät, sondern um eine Lebensweise! Also nehmen Sie sich Zeit, die richtige Einstellung dazu zu entwickeln, und gönnen Sie Ihrem Körper auch die Ruhe und Erholung, die er braucht, um gesund und kräftig zu bleiben. Sie sind dabei, sich selbst das größte Geschenk zu machen, das es gibt: optimale Gesundheit und hundertprozentiges Wohlbefinden.

Ich halte mich nach wie vor konsequent an diesen Lebensstil, weil ich damit so großartige Erfahrungen gemacht habe. Mein über 40-jähriger Körper fühlt sich immer noch wunderbar an – jugendlich und voller Energie und Vitalität. Ich mache mir gar keine Sorgen mehr darüber, wieder zuzunehmen und in den schlechten Gesundheitszustand zurückzufallen, unter dem ich in meinen Zwanziger- und Dreißigerjahren gelitten habe. Und dabei habe ich gar keine besonderen »Schlankheitsgene«: Ohne dieses System, das mir ein gesundes Leben ermöglicht, würde ich wahrscheinlich genauso zunehmen wie alle anderen Menschen. Von diesem Lebensstil haben inzwischen schon Tausende von Leuten profitiert und damit ähnliche Erfolge erzielt wie ich. Ich weiß, dass Sie Ihr Idealgewicht und Ihren bestmöglichen Gesundheitszustand erreichen können und werden!

Denken Sie daran: Sie können Ihr Leben ändern. Dank den Informationen in diesem Buch haben Sie jetzt die Möglichkeit, Ihre Träume wahr werden zu lassen. Jeder neue Tag ist der Anfang vom Rest Ihres Lebens. Was am heutigen Tag passiert, ist einzig und allein Ihre Entscheidung. Also fangen Sie an, von einem wunderschönen, sexy Körper zu träumen, und beobachten Sie, wie dieser Traum sich erfüllt. Sie haben die Kontrolle über Ihren Körper und Ihr Leben – also führen Sie ein Leben voller Leidenschaft und Begeisterung, denn man lebt nur einmal!

Ich beschließe meine Bücher stets mit den *10 Geboten für jugendliches Aussehen und uneingeschränktes Wohlbefinden:*

1. *Du sollst dich selbst lieben.* Ohne Selbstliebe kann man nicht überleben und auch keine authentische, gelungene Beziehung zu anderen Menschen führen. Mit einem trockenen Brunnen kann man seinen Acker nicht bewässern. Selbstliebe hat nichts mit Egoismus oder Genusssucht zu tun. Wir müssen uns zuallererst um die Erfüllung unserer eigenen Bedürfnisse kümmern, denn nur, wenn es uns an nichts fehlt, können wir auch anderen etwas geben.

2. *Du sollst dich für deine Gesundheit und dein Wohlbefinden verantwortlich fühlen.* Wenn Sie gesund sein, mehr Energie haben und sich pudelwohl fühlen möchten, müssen Sie sich Zeit nehmen, die Informationen zu sammeln, die man dazu braucht, und sie auf Ihr eigenes Leben anwenden. Sie müssen genau darauf achten, was Sie essen und trinken, wie viel Bewegung Sie Ihrem Körper gönnen und woran Sie denken.

3. *Du sollst schlafen.* Durch Schlaf und Erholung lädt der Körper seine Batterien wieder auf. Schlaf ist die einfachste und am meisten unterschätzte Aktivität zur Heilung des Körpers. Schlafmangel zehrt an Ihrem guten Aussehen und lässt Sie im Handumdrehen altern. Denn davon bekommt man gerötete Augen, Tränensäcke und Augenringe.

4. *Du sollst deinen Körper entgiften.* Das bedeutet, den Körper von Gift- und Abfallstoffen zu befreien, denn dadurch gewinnt man nicht nur seine alte Gesundheit zurück, sondern nimmt auch schneller ab.

5. *Du sollst daran denken, dass ein gesunder Körper automatisch sexy ist.* Echte Frauen haben schöne Körper! Jeder gesunde Körper ist attraktiv. Sie brauchen also nur etwas für Ihre Gesundheit zu tun, Selbstvertrauen und einen persönlichen Stil zu entwickeln und Kleider zu tragen, die zu Ihrem Körpertyp passen.

6. *Du sollst dich von gesunden, naturbelassenen, vollwertigen Lebensmitteln ernähren.* Durch gesunde Ernährung können Sie die Uhr des Lebens zurückdrehen und Ihrem Körper sein jugendliches Aussehen zurückgeben. Wenn man sich von naturbelassenen Lebensmitteln ernährt, fühlt man sich einfach wohler und sieht auch besser aus. Denn dann hält man seinen Körper auf Zellebene rein und kann sich trotz vorgerückten Alters über ein strahlendes Aussehen freuen. Daher sollte eine gesunde Ernährung unbedingt zu Ihrem »Schönheitsprogramm« gehören!

7. *Du sollst gesund alt werden.* Ihr Ziel besteht nicht darin, den Alterungsprozess aufzuhalten, sondern ihn zu akzeptieren und richtig damit umzugehen. »Gesundes Altern« bedeutet, während des Alterungsprozesses gesund zu bleiben, trotz seines Alters fantastisch auszusehen und sich auch so zu fühlen.

8. *Du sollst dir fest vornehmen, deine Lebensweise zu ändern.* Um dauerhaft abzunehmen, muss man sich auf eine Veränderung einlassen – in seinem Denken, seiner Lebensweise, seiner inneren Einstellung. Man muss Informationen sammeln und dauerhaft etwas an seinem Leben verbessern!

9. *Du sollst dich freudig auf diese Reise einlassen.* Sie wird Ihr Leben verändern – denn dabei handelt es sich *nicht* um eine Diät, sondern um eine Lebensweise! Gehen Sie während dieses Programms liebevoll und nachsichtig mit sich um. Lernen Sie, sich selbst anerkennend auf die Schulter zu klopfen, wenn Sie etwas erreicht haben – auch wenn es nur ein winzig kleiner Schritt war. Und machen Sie sich auch nichts daraus, wenn ab und zu etwas schiefgeht – Fehler sind menschlich!

10. *Du sollst leben, lieben und lachen.* Lachen ist gut für die Seele. Leben Sie mit Leidenschaft und Begeisterung! Geben Sie Ihre Träume niemals auf! Und vor allem: Lieben Sie! Denken Sie daran, dass Liebe niemals in die Irre geht.

Nun, da Sie die Erfahrung gemacht haben, was eine gesunde Lebensweise alles bewirken kann, denken Sie bitte auch daran, Ihre Erfolgsgeschichte an andere Menschen weiterzugeben, damit auch sie zu ihrer früheren Gesundheit und Vitalität zurückfinden.

Anhang

JJs Online-Communities

PROGRAMM/ ONLINE- COMMUNITY	SOZIALE MEDIEN	ZWECK	LINK
JJs privates VIP-Programm	Facebook und Online-Portal	Das Programm bietet Ihnen praktische Unterstützung und Coaching von JJ, damit Sie Ihre Gewichtsabnahmeziele schneller erreichen.	https://www.jjsmithonline. com/products/healthy- new-black.html
Selbsthilfegruppe für die 10-tägige Grüne-Smoothies- Entschlackungskur	Facebook	Sie erhalten Unterstützung und Ermutigung von Tausen- den von Menschen, die diese Kur zurzeit durchführen.	https://www.facebook. com/groups/Green. Smoothie.Cleanse/
JJs Fanseite	Facebook	Treten Sie einer Community von über 1 Million Menschen bei, die abnehmen und gesünder werden möchten.	https://www.facebook. com/RealTalkJJ/
JJs Instagram- Account	Instagram	Lassen Sie sich auf dieser Reise zu Ihrem schlankeren Ich durch Fotos ermutigen und inspirieren.	https://www.instagram. com/jjsmithonline/?hl=en
JJs Twitter-Account	Twitter	Bleiben Sie über Twitter mit JJ in Kontakt.	https://twitter.com/ JJSmithOnline
JJs GSC-Leader	Facebook	Werden Sie zum GSC- Leader (Betreuer bei der Grüne-Smoothies-Entschla- ckungskur), damit auch andere Menschen dieses 10-tägige Programm erfol- greich durchziehen können.	https://www.jjsmithonline. com/products/gsc- certified-leadership.html

Register

Über die Autorin

JJ Smith ist *New York Times*-Bestsellerautorin, Abnehmexpertin, Beziehungs- und Lebensberaterin und Motivationsrednerin.

Nachdem JJ Smith mit über 40 Jahren schwere Gesundheitsprobleme aufgrund einer Amalgamvergiftung überwunden hatte, wieder schlanker wurde und ihre »zweite Jugend« entdeckte, hat sie viele Menschen dazu inspiriert, abzunehmen, etwas für ihre Gesundheit zu tun – und ganz nebenbei auch wieder mehr Spaß am Sex zu haben. Die Autorin erklärt ihren Lesern, wie man es schafft, schlanker und gesünder zu werden, jünger auszusehen und sein Liebesleben in Schwung zu bringen – und das alles einzig und allein durch eine Änderung seines Lebensstils!

JJ hat sich ihr Leben lang mit der Frage beschäftigt, wie man sich richtig ernährt und ein gesundes Leben führt. Diese natürlichen Methoden, mit denen man schlank bleibt, seinen Gesundheitszustand verbessert, sich jünger fühlt und auch so aussieht, möchte sie nun auch anderen Menschen vermitteln. JJ hat sich mit vielen Naturheilverfahren befasst und sich dabei vor allem von der Frage leiten lassen, wie man die Selbstheilungskräfte seines Körpers aktiviert und dabei gleichzeitig abnimmt. Die Erkenntnisse, die sie dabei gewann, probierte sie zuallererst bei sich selbst aus. Dann ließ sie sich am Institute of Holistic Healing zur Ernährungsberaterin und von der National Exercise and Sports Trainers Association (NESTA) zum Gewichtscoach ausbilden. Außerdem ist sie Mitglied der American Nutrition Association (ANA).

In ihrem Buch *Grüne Smoothies: Die 10-Tage-Detox-Kur*, das den ersten Platz auf der Bestsellerliste der *New York Times* erreichte, beschreibt JJ Smith ein Programm, mit dem man seinen Körper nachweislich schnell und gefahrlos entgiften kann – ein wichtiger erster Schritt zur Gewichtsabnahme. Die meisten Menschen, die sich genau an diesen Plan halten, nehmen innerhalb von nur zehn Tagen bis zu 15 Pfund ab. Schon in ihrem Bestseller *Abnehmen ohne Diät und Sport* hatte JJ ihren Lesern bahnbrechende und dennoch bewährte Methoden für eine dauerhafte Gewichtsabnahme vermittelt, die jeder Mensch anwenden kann – unabhängig von seiner Kleidergröße, seinem Geldbeutel und Bildungsniveau. Die Mühe lohnt sich, denn anschließend kann man sich über einen gesunden, schlanken, sexy Körper freuen!

JJ Smith hat an der Hampton University in Virginia Mathematik studiert, danach eine Management-Ausbildung an der Wharton Business School absolviert und anschließend als Teilhaberin und Vice President bei einem IT-Beratungsunternehmen namens Intact Technology Inc. mit Sitz in Greenbelt (Maryland) gearbeitet. Sie war die jüngste Afroamerikanerin, die eine Position als Vice President bei einem Fortune 500-Unternehmen bekleidet. Zu ihren Hobbys gehören Lesen und Schreiben; außerdem ist sie begeisterte DJane.

www.JJSmithOnline.com

Weitere Bücher von JJ Smith:

JJ Smith

Abnehmen ohne Diät und Sport

Entgiften und den Stoffwechsel beschleunigen. Bis zu 7 Kilo in den ersten 3 Wochen!

Abnehmen ohne Kalorienzählen, Hungern, Verzicht, Diät und Sport – aber mit Genuss? Kaum zu glauben, aber Bestsellerautorin JJ Smith erklärt in diesem Buch, dass und wie das geht. In den ersten 3 Wochen kann man schon bis zu 7 Kilo verlieren. So kann jeder nachhaltig abnehmen!

304 Seiten
14,99 € (D) | 15,50 € (A)
ISBN 978-3-7423-0045-4

JJ Smith

Grüne Smoothies

Die 10-Tage-Detox-Kur

Smoothies aus grünem Gemüse und Obst sind nicht nur reich an Mikronährstoffen, sie machen auch satt, sind gesund und schmecken gut. JJ Smiths Detox-Kur mit grünen Smoothies bewirkt einen rasanten Gewichtsverlust, erhöht den Energielevel, reinigt den Körper, befreit den Geist und verbessert den allgemeinen Gesundheitszustand. Diese 10 Tage können Ihr Leben verändern!

160 Seiten
9,99 € (D) | 10,30 € (A)
ISBN 978-3-86883-509-0